법률과 판결

법률과 판결
– 법실무의 문제에 대한 연구

초판 1쇄 발행일 2014년 2월 28일

지은이 _ 칼 슈미트
옮긴이 _ 홍성방
펴낸곳 _ 유로서적
펴낸이 _ 배정민

편집 / 디자인 _ 심재진

등록 _ 2002년 8월 24일 제 10-2439 호
주소 _ 서울시 금천구 가산동 327-32 대륭테크노타운 12차 416호
Tel _ 02-2029-6661, Fax 02-2029-6664
E-mail _ bookeuro@bookeuro.co.kr

ISBN 978-89-91324-63-3

Carl Schmitt
Gesetz und Urteil
ⓒ 2009 Verlag C.H. Beck. oHG

홍성방 교수의 법학 번역 시리즈 6

법률과 판결

— 법실무의 문제에 대한 연구 —

칼 슈미트(Karl Schmitt) 지음
홍성방 옮김

제2판 서문

　1912년에 출간된 「법률과 판결」은 법관의 결정과 법관의 결정이 그에 대한 근거제시를 위하여 그 실질적·법적 내용을 원용하는 규범에 대한 법관의 결정의 독자성에 대한 것이다. 결정 자체가 가지는 고유한 의미에 대하여 더욱 자세하게 탐구한 결과(Die Diktatur 1921, Politische Theologie 1922, Der Hüter der Verfassung 1931, Über die drei Arten des rechtswissenschaftlichen Denkens 1934)는 법의 전체영역은 규범에서뿐만 아니라 또한 결단과 제도(구체적 질서)에서도 구성된다는 일반적 인식에 이르렀다.

　그러나 결정의 독자성이라는 사고는 또한 국가이론적 결론도 가졌다. 그러한 사고의 결과, 국가적 주권을 정치적 결단으로 정의하게 되었고 독재를 토론의 결론으로 인식하게 되었다. 이러한 견해에 대한 격렬한 논쟁에서 사람들은 결단을 가공의 자의(恣意)행위로, 결단주의를 위험스러운 세계관으로 그리고 결단이란 단어를 욕설과 슬로건으로 왜곡하였다. 그에 대하여 1912년에 출판된 이 책은 그 무엇인가 처음의 단순함을 지니고 있다. 이 책은 판단한다는 것과 결정한다는 것의 원초적인 의미를 직접적으로 분명하게 한다. 이러한 처음에 대한 숙고를 통해 논쟁에 의하여 혼란스럽게 된 토론이 투명해지고 수용할 수 있는 결론에 이를 수 있을 것이다.

1968년 10월

칼 슈미트

서문 _

  이 연구는 법실무에서 내려진 결정은 언제 올바른가라는 문제를 제기하고, 그 문제에 대하여 법실무 스스로가 그 문제를 결정하는 것이라고 대답한다. 이 연구에 따르면 법관의 노력은 실은 현재의 실무 일반에서 결정될 수도 있는 정도로 결정하는 데까지 계속된다. 그러므로 일관적인, 통일적인 실무에 대한 요청은 올바른 결정에 도달하기 위한 모든 노력을 기초로 한다. 실정법, 형평성의 고려, 거래의 이해관계와 이론의 결론들은 이러한 일관성에 도달하기 위한 수단일 뿐이며, 그와 동시에 실정법의 표시된 입장이 특히 고려될 필요가 있다. 그러므로 실무는 의당 자신의 결정들의 올바름을 판단할 독자적인 척도를 가지고 있어야 한다. 법실무는 적용된 법이론과는 다른 그 무엇이다. 더 정확하게 말하면 법실무는 적용된 법이론적 결과를 전적으로 독립적이고 독특하게 사용한다. 말하자면 법실무는 적용된 법이론의 본래의 주인이며, 어떤 결정을 실무적으로 올바르다고 평가하는 것은 그 결정이 거래의 요구에 일치한다는 것이 "실무적"일 뿐만 아니라 또한 실무에서 내려진 결정의 올바름은 확정이 문제되는 특수한 관점들에 따라서 판단된다는 것도 의미한다.

  이로써 이 연구는 특히 이론과 실무의 다양한 이해관계를 강조함으로써 낯선 결론에 이르기 때문에, 특히 수많은 의구심에 대해서 실무를 지키고 애써 분명한 명확성을 견지하는 데 역점을 두었다. 물론 그러한 종류의 주제에서 명확성은 곧바로 용이한 평이성과 동일시될 수는 없다. 이 이야기는 특히 애석하게도 필수적이었던 제1장의 추상적 논쟁에 적용된다. 이 연구와 이 연구의 결과가 가지는 학문적 가치와 실무적 의미와 마찬가지로 여타의 견해에 대한 입장표명에서 의도한 확실성이 어느 정도까지 달성되었는지에 대한 판단은 독자의 몫이다. 이 책은 그러한 것을 대상으로 하는 실무를 대상으로 한다. 물론 최근 몇 년 사이에 법학과 법실무에 대하여 수많은 의미 있는 이야기가 있었다. 그러나 이 주제에 대한 논의는, 비록 해결책 그 자체가 전혀 동의를 받지 못한다 하더라도, 부합되는 이해관계에 대한 해결책의 시도를 기대해서는 안 될 점에 이르지는 않았다.

저자는 이 자리에서 반 칼커 *van Calker* 교수님께 존경과 감사를 드리지 않을 수 없다. 특히 이 책과 같은 책의 가치와 작용에 대한 두 가지 중요한 전제조건, 즉 방법상의 명확성에 대한 강한 욕구와 법생활의 현실에 지향된 관심은, 그것이 의당 충족되었어야 한다면, 반 칼커 교수님에게서 비롯된 것이다.

1912년 5월 뒤셀도르프에서

칼 슈미트

저자에 대하여_

　우리나라의 법학도들에게는 결단론적 헌법관의 주장자로 널리 알려져 있으나 정치학자, 신학자, 철학자이기도 한 칼 슈미트는 1888년 베스트팔렌 주 플레텐베르크에서 출생하였다. 그는 1910년 슈트라스부르크 대학에서 박사학위를, 1914년 같은 대학에서 교수자격을 취득하였다. 그는 1921년 그라잎스발트 대학을 시작으로 1922년 본 대학, 1928년 베를린 상과대학, 1933년 쾰른 대학, 1933-1945년 베를린 대학 교수를 역임하였고, 히틀러의 지배 하에서 추밀고문관 등을 지내면서 나치스 정권에 협력였기 때문에 제2차 세계대전 후 그의 제자인 포르스트호프와 함께 전범재판을 받고 교수직을 상실하고 대학에서 추방되어 고향에서 은둔생활을 하다 1985년 사망하였다.

　1912년에 출판된 이 책은 "언제 법관의 결정은 올바른가"라는 문제를 제기하고 입법자의 의사에 따를 때인가 아니면 법률의 의사에 따를 때인가로 나누어 분석한다. 그러나 그 모두를 부정하고 "오늘날 어떤 결정은 다른 법관도 마찬가지로 결정할 것이라고 가정될 수 있다면 올바르다. 여기서 '다른 법관'이란 현대의 법률에 정통한 법률가의 경험적 유형을 말한다"라는 대답을 제시하고 있다.

　여기서 주의하여야 할 점은 이 번역서에서는 주로 결정으로 옮겨진 Entscheidung이 결단으로도 옮길 수 있다는 점이다. 슈미트는 56년이 지난 1968년 이 책의 제2판 서문에서 "사람들은 결단을 가공의 자의(恣意)행위로, 결단주의를 위험스러운 세계관으로 그리고 결단이란 단어를 욕설과 슬로건으로 왜곡하였다"고 하면서 그에 대해 "이 책은 판단하는 것과 결정한다는 것의 원초적인 의미를 분명하게 한다"고 변명하고 있다.

법관은 법적 문제에 대하여 결정할 권한을 가진 자이다. 그러한 권한을 가진 자가 다른 법관들이 그렇게 결정할 것으로 생각하듯이 결정하거나 어떤 법적 사건에 대하여 합의제 결정기구에서 법률의 객관적 의사를 밝힌다는 전제하에 만장일치 또는 다수결로 결정하는 것과 정치적 문제에서 적을 제외한 동지들 사이에서 만장일치나 다수결로 결정한다는 것은 구별되어야 할 것이다. 정치적 적이나 정치적 동지 모두 정치적 문제를 결정할 권한이 있기 때문이다. 그러한 한에서 슈미트의 변명에도 불구하고 결단주의는 위험스러운 세계관이며, 그를 독재의 대변자라로 평하는 것은 여전히 적절한 것으로 생각된다.

어떻든 한때 우리나라에서도 슈미트의 헌법이론을 따른 학자가 있었으며, 그의 책들도 여러 권 우리나라에 번역되어 있다. 1975년에 김기범 교수가 그의 「헌법이론」(교문사)을 번역하였고, 그 후 김효전 교수에 의하여 다음 책들이 번역되었다. 「정치신학 외」(법문사, 1988), 「유럽법학의 상태·구원은 옥중에서」(교육과학사, 1990), 「헌법의 수호자 논쟁 외」(교육과학사, 1991), 「로마 가톨릭주의와 정치형태 외」(교육과학사, 1992), 「정치적인 것의 개념」(법문사, 1992), 「합법성과 정당성」(교육과학사, 1993), 「독재론」, 법원사, 1996), 「파르티잔」(문학과지성사, 1998), 「헌법의 수호자」(법문사, 2000), 「입장과 개념들」(세종출판사, 2001).

차 · 례

| 제2판 서문 | · 5

| 서문 | · 6

| 저자에 대하여 | · 8

제 1 장 문제 · 13

법관의 결정의 올바름과 올바름에 대한 사실상 지배적인 제 견해 – 지배적 해석이론의 문제제기 – 자유법운동의 문제제기 – 판결의 심리학적 성립과 그 방법적 의미

제 2 장 법률의 의사 · 41

입법자의 의사 – 법률의 의사 – 올바름의 판단기준으로서 이러한 의제들의 불충분성 – 자유법운동의 대답 – 올바른 포섭과 올바른 결정의 혼동

제 3 장 법적 확정성의 요청 · 73

그 (경제적·도덕적) 내용에 대한 법의 관계 – 내용적으로 중립적인 법규범들 – 법적 확정성의 요청 – 그 사실적인 중요성 – 그 방법적 의미 – 법이론에 대한 법실무의 자율성 – 결정의 올바름에 대한 문제를 위한 방법적 출발점으로서의 법적 확정성의 요청

제 4 장 올바른 결정 · 105

올바른 결정을 위한 정식 – 합의제원리 – 결정이유 – 결정이유의 수범자 – 선결례 – 법률에 반하는 판결 – 결정의 올바름을 위한 실정법률과 실정외적(사회학적) 제 규범의 의미

부록 · 167

제1장

문 제

1장

문 제

> 법관의 결정의 올바름과 올바름에 대한 사실상 지배적인 제 견해

결정적인 질문은 다음과 같다. 법관의 결정(Entscheidung, 역자: 이 단어는 결단으로도 번역될 수 있다. 따라서 문맥에 맞게 경우에 따라서는 결정, 경우에 따라서는 결단으로 번역하였다)은 언제 올바른가?

그 의미가 앞으로의 서술에서 점차로 희망컨대 분명히 명확하게 알려져야 할 이 다의적인 질문에 처음부터 명확한 한계를 긋기 위하여, 이 질문은 다음과 같이 정확하게 규정되어야 한다. 어떤 규범적 원리가 현대 법실무의 기초가 되어 있는가?

이 연구는 법학적 연구이다. 이 연구는 오늘날 법실무에서 내려진 결정이 언제 법학적으로 올바른 것으로 간주되는가에 대하여 질문한다. 그러나 이 연구는 오늘날 사실상 어떻게 결정되는가와 대략 제 결정이 평균적으로 올바른가 여부에 대하여는 질문하지 않는다. 물론 모든 결정은 올바른 것이고자 한다. 그리고 이러한 경향이 어떤 의미를 가지는가 그리고 어디에서 올바름

을 발견할 수 있는가가 이 연구의 주제이다. 그러나 오늘날 잘못된 판결보다 올바른 판결이 더 많이 내려지는가 여부는 이 연구의 대상이 아니다. 마찬가지로 오늘날 실무에서 결정의 올바름에 대하여 어떤 생각들이 지배적이고 진술되고 있는가는 그러한 종류의 주제에 대하여 결정적인 의미를 갖지 않는다. 아마도 이 연구는 이러한 생각들과 논쟁하여야 할 것이다. 그러나 지배적인 생각들을 매개한다고 해서 제기된 질문에 대한 답이 나오는 것은 아니다.

이 연구의 주제는 다음과 같은 것이 아니다. 오늘날 어떤 결정은 언제 옳다고 여겨지는가, 즉 어떤 결정은 언제 일반적으로 옳다고 간주되는가? 왜냐하면 어떤 것이 옳다고 간주된다는 경험적 사실이 올바름에 대한 증거는 아니기 때문이다. 따라서 어떻게 사람들이 역사적으로 오늘날, 예컨대 법률에 대한 법관의 관계에 대하여, 특정의 이상을 따르게 되었는가라는 질문도 관심사항이 아니다. 질문은 다음과 같다. 어떤 결정이 오늘날 올바른 것으로 간주되어야 하는가?

여기서 문제되는 것은 현재의 실무이다. 그리고 현재의 실무에는 역사적 구체화가 있다. 예컨대 법관의 결정의 "이념"으로부터 추론될 수도 있는 결정의 절대적인, 즉 시간을 초월한 올바름에 대한 대답을 찾으려고 해서는 안 된다. 그러한 대답은 아마도 또한 직접적인 실제적 가치도 없을지 모른다. 법적용의 방법론은 현재의 실무를 지도하는 이념을 찾아내어 목적과 수단에 대한 법실무의 자각을 도움으로써 법실무에 도움을 주어야 한다. 법실무의 의미가 그러한 것들을 의식하는 데 학문적 진보가 있다. 그러므로 현대의 실무가 관찰대상이 되면 그로써 관찰대상은 역사적으로 규정된 것이다. 그러나 그렇기 때문에 이 연구는 예컨대 우리의 현대적 실무가 어떻게 역사적으로 발전해 왔는가, 어떤 요인들이 현대적 실무의 발생사에 작용하였는가 그리고 어떤 것들이 오늘날에도 여전히 그러한가를 확인하는 역사적 연구로 되지 않는다. 중요한 것은 원인의 설명이 아니라 우리가 현대적 법적용의 기초가 되어 있는 것으로 관찰해야 하는 원리이다. 어떤 것이 법실무에 특수한 올바름의 표지인가? 특정의 역사적 상황 - 특정 계급의 신민(臣民)이 직업적으로 보통은 성문법을 적용한다 - 을 가정하여 우리 법실무의 역사적 생성에 이러한 표지가 방법론적으로 의존함이 암시되어서는 안 된다. 예컨대 다음과 같이 이야기되어서는 안 된다. 법적용은 로마법의 해석과 밀접한 연관 하에 발전해왔기 때문에 로마법의 해석이 오늘날까지 여전히 감지할 수 있는 영향이 연구될 필요가 있다. 그러한 연구는 그 자체로서 문제일 수 있으나, 그러한 연구의 진가(眞價)와 의미는 다른 영역에 있다. 그리고 그러한 요인들이 가지는 경험적 작용으로부터는 결코 결정의 올바름이 추론되지 않기 때문에, 그러한 작용은 주제에 속하지 않는다. 물론 발견된 표지가 실무의 실제 과정에 어떻게 적용되는가, 표지로부터 추론된 요청이 어떻게 법생활을 사실상 지배하고 예컨대 제 개념의 그 어떤 천공(天空)으로부터 연역되지 않는가를 또는 "하늘이

창조한 척도"(norma coelitus hausta)인가를 보이는 것은 중요하다. 발생하는 것으로부터는 물론 의당 발생하여야 하는 것이 추론되지 않는다. 그러나 그렇기 때문에 이 연구는 그것을 가지고는 실무가 아무것도 시작할 수 없는 시간을 초월한, 모든 내용에 절대적인 올바름의 척도를 연구할 것이 강제되고 있지 않다. 또한 법적 사고의 표지들이 규정되어서도 안 된다. 그러나 사실상 유효한 요청으로부터 현행 법실무 내에서 법관의 판단의 올바름을 규정하기 위하여 현행 실무의 가치를 관찰하는 것은 사실상 유효한 요청이다. 주제를 역사적인 주제로도 자연과학적인 주제로도 만들지 않는 유효한 요청에 대한 이러한 언급은 오늘날의 법실무에서 내려지는 결정의 올바름을 규정하는 과제에 의하여 제약되어 있다. 기초가 되는 요청의 경험적 효력은 그 자체 모든 경험으로부터 독립적인 가치관찰을 경험적으로 규정된 전체현상인 "현대의 법실무"와 결합된다. 그리고 이러한 것이 말하고자 하는 바는 다음과 같다. 현대의 법실무에서 실제로 행해지고 있는 것은 옳은 것으로부터 추측할 수는 없으나, 현대의 실무에서 옳다고 간주되는 것에 대한 질문의 출발점을 위하여 그 어떤 임의의 요청이 취해질 수는 없고 단지 현대의 실무에서 경험적으로 유효한 요청만이 취해질 수 있다. 따라서 그에 따라 결정이 평가되는 척도의 추론은 요청의 결과이지, 경험적 제 과정의 결과가 아니다. 요청의 경험적 효력으로부터 경험적으로 규정된 현대의 법실무에 대한 내재적 평가로 간주되는 요청을 정당화하게 된다. 즉 관찰의 대상이 되는 많은 요청들

가운데서 선택을 하게 된다. 그리고 그렇기 때문에 많은 요청들에 있어서 결정적인 것은 그 경험적 효력의 범위가 아니라, 법실무에 대하여 그리고 올바른 결정을 발견해내려는 법실무의 노력의 "의미"에 대하여 통일적인 설명을 제공하는 적합성이다.

그러므로 목표는 현대의 법실무의 방법을 다음과 같은 것을 하나의 정식으로 나타내는 것이다. 우리는 오늘날 법관의 결정에 대하여 그것이 옳다는 것을 언제 이야기하여야 하는가?

실무가는 방법론적 명확성을 위하여 주제의 한정에 대하여 몇 가지 언급을 미리해두는 것을 용서할 것이다. 물론 이 연구는 실정법률의 형식적 효력은 법실무를 평가하는 데 의미를 갖지 않는다는 것, 이제 곧 결정의 "합법률성"은 결정의 올바름에 대한 질문에 충분한 답을 주지는 않으리라는 것을 증명할 것이다. 실무에서 유효한 것으로 간주하는 결정의 올바름의 표지와 법자료를 법적으로 가공하는 작업이 "유효한 법"으로 만들어 낸 것은 두 개의 효력으로서 대립한다. 그러므로 문제가 되는 것은 효력과 사실 간의, 규범과 경험 간의, 추상적으로 효력을 가지는 법률과 "일상생활" 간의, 규범적 법학과 설명적 사회과학 간의 대립이 아니라, 동일한 지식영역 내에서 그로부터 하나의 효력, 즉 실무의 효력이 발견되어야 하는 두 가지 효력의 대립이다. 예컨대 새로운 사실들이 확인되고 통계들이 집적되어서는 안 되며, 그로부터 "귀납적"인 방법으로 예컨대 법관의 판결의 자연법칙적 규칙성, 즉 피고가 유죄판결을 받을 더 크거나 더 작은 개연성을 추론하는 일이 시도되어서는 안 된다. 마찬가지로 예컨대 법관을 변호사)에 대한 관계에서 또는 국민에 대한 법률의 작용과 법관의 정신에 대한 관계에서 제 과정을 집단심리학적으로 그리고 사회심리학적으로 관찰하는 것도 시도되지 않는다. 이 연구는 사회과학적 연구도, 심리학적 연구도 아닌 법학적 연구이기 때문에 법생활에 대한 사회학과 심리학의 의미를 오인하지 않을 것이며, 그러한 일을 이 연구 자체가 가장 잘 할 수 있기를 희망한다. (다만 사람들은 이 연구가 판단자가 가장 관심을 가질 수도 있을 바로 그러한 주제를 대상으로 하지 않는 점 때문에 이 연구를 비난해서는 안 될 것이다.) 이 논문은 특히 다음과 같은 이유에서, 즉 인간간의 상호작용, 인간공동체의 형태론이나 법관 또는 변호사의 사회학적 특성을 대상으로 하지 않고, 실천적 활동의 방법, 특정 계급의 사람들의 활동이 그로부터 출발해야 하는 원칙을 대상으로 한다는 이유에서 사회학적 연구가 아니다. 그와 동시에 "계급의 사람들"이란 표현은 잠정적으로 활동을 개별화할 뿐 결정적인 의미를 가지는 사회학적 또는 사회심리학적 동기에 대하여는 어떤 언급도 포함하지 않는다.

　언제 법관의 결정은 올바른가? 법관의 결정은 그것이 "합법률적"일 때, 즉 현행 실정법과 일치할 때 대부분

---

1) 사적인 대화에서 나는 가끔 탁월한 실무가들로부터 이른바 개념법학과 이른바 사회학적 사법(司法)의 대립은 법관과 변호사의 적대감과 관련이 있다는 이야기를 들은 바 있다.

올바른 것으로 간주된다. 이렇게 결정의 합법률성을 그 올바름의 기준으로 설정함으로써 법률에 대한 법관의 구속을 출발점으로 삼게 되었다. 그에 따라 법률가들에게 어떤 결정의 올바름을 묻는 질문에 대한 대답은 가장 간단하게는 법률이 법관에게 아주 특정의 사안을 특정의 방식으로 판단할 수 있도록 명백하게 지시할 때 분명해질 것이다. 예컨대 법률의 문언(文言)과 일상생활의 언어사용을 엄격하게 준수하고 의심의 여지없이 법률이 규정하지 않은 사항에 대해서는 결정하지 말라고 명령하는 실정 법조문이 존재한다면, 그에 따라 모든 법관의 결정들이 올바를 수 있을 최대한의 개연성이 근거지어질 수 있을 것이다. 그러나 그러한 법률은 법관에게 그가 올바르게 결정한다고 확신할 때에만 결정하고 의심스러운 경우에는 결정을 거부하라고 명령하는 결과가 된다는 자체 반박을 내용으로 하게 될 것이다. 그러므로 합법률적인 실무라는 저 "이상"(理想)으로써는 많은 것을 얻을 수 없을 것이다. 왜냐하면 바로 그로부터 학문적이고 실무적인 이해관계가 출발하는 의심스러운 경우들이란 자명하기 때문이다.

그 속에서 결정의 올바름이 실정 법률규정과 직접 관련될 수 있는 개별적인 경우는 그와 동시에 물론 언급될 필요가 있다. 민사소송법 제565조에 따르면 상고심에서 어떤 판결이 파기되는 경우 사건은 달리 다루어지고 결정되도록 항소법원에 환송된다. 그 경우 항소법원은 상고심에 의하여 파기의 기초가 된 법적 판단을 또한 자신의 결정의 기초로 하여야 할 의무를 지게 된다. 이 경우는 실정법률로부터 어떤 결정의 판단을 직접 도출하는 데 대한 예이며, 어떤 결정의 올바름을 묻는 질문에 대한 열망되는 대답을 내포하고 있다. 왜냐하면 전심(前審)이 이제 상고심의 결정을 자신의 결정의 기초로 한다면 그 결정은 의심의 여지없이 실정법에 따라 올바르기 때문이다.2)

그러나 이러한 개별적인 경우가 법률에 대한 법관의 구속이 결정의 올바름을 묻는 질문에 대하여 적절한 출발점이라는 것을 증명하는 것은 아니다. 전심에서의 결정의 합법률성이 근거로 하는 민사소송법 제565조는 내용적 합법률성에 대해서는 아무것도 이야기하는 바가 없다. 상고심의 결정이 내용적으로 합법률적이 아니라는 것, 전심이 민사소송법 제565조에 일치한다는 사실에 의하여 내용적으로 합법률적이 아니라는 것, "합법률설"의 표지에 반해 실제의 문제에 대한 대답은 존재하지 않으며 그 내용은 문제점이 있기 때문에 사용할 수 없고 전심은 제기된 문제를 반박할 수 없는 형식적 올바름만을 내용으로 한다는 것을 생각해볼 수 있다.

법률과 법관의 관계에 대하여 말하고 있는 유일한 실정법의 규정은 다음과 같은 법원조직법 제1조이다. 사법권은 독립된, 법률에만 복종하는 법원에 의해서 행사된다.3)

---

2) 대법관(Prätor)으로부터 서식을 받아 그 서식에 따라 단순히 벌을 선고하거나 방면하였던 로마의 법관들도 비슷한 상황에 처해 있었다.
3) 이곳에서 또한 언급하여야 할 것은 식민지주둔공무원법 제48조이다. 그에 대해

주지하는 바와 같이 이 조항은 권력분리이론, 특히 행정으로부터 사법의 독립이론을 인정하는 것을 내용으로 한다. 이 조항과 더불어 또한 법률에 대한 법관의 구속이 의미상 규정되어 있는지 여부, 법관은 분명한 법률만을 적용해야 하는지 여부, 법관이 몽테스키외 Montesquieu의 널리 알려진 말에 따라 단지 "법률의 문언을 말하는 입"(la bouche qui prononce les parole de la loi)"으로서만 간주되고 있는지 여부 및 그와 더불어 어느 정도로 특정의 법률해석방법이 인정되고 있는가는 이 조항과는 별개의 문제이다.

언급된 조항은 "법률"을 지시하며, 그와 동시에 우선적으로 거부되어야 할 법관의 활동의 자유를 법률외적으로 제한하는 데 대해서 소극적으로 생각하고 있다. 실무적으로 이야기하면, 관방사법은 더 이상 존재해서는 안 된다. 그러므로 법관은 법률에 복종하여야 한다. 그러나 복종은 어디에 존재하는가, 무엇을 법률과 법률의 내용으로 관찰해야 하는가에 대해서 법원조직법 제1조는 아무런 언급도 하지 않는다. 사람들이 역사적 해석을 수단으로 하여 이 조항에 접근하면 사람들은 이 조항을 법률의 분명한 의미에 법관을 구속하는 것은 "법률의 의사" 또는 "입법자"의 의사라고 해석하여

서는 그리고 법원조직법 제1조와 관련된 부령(部令)에 대해서는 주로 근무감독의 문제에서 법관의 독립을 다루고 있는(그리고 그 문제에 대한 새로운 문헌들을 풍부하게 들고 있는) 되르 *Doerr*의 논문 Begriff und Grenzen der richterlichen Unabhängigkeit in der Rhein. Zeitschr. f. Zivil,- und Prozeßrecht III S. 425ff.을 비교하면 될 것이다. 반면에 이곳에서는 결정의 법적 올바름에 대한 질문만이 관심의 대상이다.

야 할 것이다. 법관은 법률 하에서 포섭하는 것 이상의 일을 해서는 안 될 것이다. 그리고 그로부터 법관의 결정이 법률 하에서 포섭한 결과라면, 법관의 결정이 (이 곳에서 이 단어는 이러한 의미에서 사용된다) 합법률적이라면, 법관의 결정은 올바르다라는 것이 밝혀질 듯하다. 사람들이 그 문장을 이성적으로 이해하여야 하듯이 그 문장을 이해한다면, 이는 다음과 같다. 법관에게는 오직 법률의 명백한 내용만이 관찰의 대상이 되고, 다른 모든 것은 법관과 상관이 없다. 그러나 법률의 이러한 명확한 내용은 법관이 결정하여야 할 사례들의 극소수만을 규율할 수 있을 뿐이다. 사람들이 구체적인 사례에서 단순히 읽고 알아내지 않으면 안 되게 몇몇 조항들에 다양한 삶을 빠짐없이 규정한다는 것은 생각할 수 없을 것이다. 그리고 실무적으로는 법률에 대한 구속이라는 문장을 "유치한 의제"4)라고 표현한 어떤 영국의 법률가를 정당화하는 상황이 발생하였다. "유효한" 법과 "유효하지 않은" 법이 존재한다는 것, 법실무는 법률의 내용을 금방 확대해석 했다가 금방 축소해석 한다는 것, 법실무는 어떤 결정의 "합법률성"을 아무렇지도 않게 법률에 공개되어 있지 않고 복잡한 구성에 의하여 그 속으로 매개되는 내용에 대한 관계로 이해했다는 것은 사실이다. 이와 같은 것은 필연적이었다. 왜냐하면 법률에 대

---

4) Austin, Province of jurisprudence vol. II. p. 265. Hatschek, Engl. Staatsrecht im Handbuch des Öffentlichen Rechts IV, II. 4. I, S. 101에 인용되어 있음. 그 이하의 문장들에서 행해진 "유효한" 법과 유효하지 않은" 법의 구별은 Ehrlich, Burians Jur. Blätter 1888, S. 484와 또한 Zukunft 14(1906) S. 236에 있다.

한 법관의 구속은 법관이 법률의 침묵이나 불명료성을 증거로 끌어대어서는 안 되는 재판거부금지와 결합하여 "법관의 위기", 라드브루흐 Radbruch[5)]에 의하여 종국적으로 설명된 충돌을 야기하였기 때문이다.

지난 몇 년 사이에 다음과 같은 것들이 수도 없이 토론되었다. 어째서 법관은 결코 실정법으로 만족할 수 없는가, 법관이 법률의 문언을 말하는 입, 또는 사람들이 그에 대한 경멸적인 표현을 하려고 할 때 사람들이 항상 그렇게 불러왔듯이 포섭기계, 법률자동기계 이상의 그 무엇이어야 할 정도로 거래생활의 제 요청에 대하여 아직 법률적 규정이 없음에도 불구하고 거래생활의 제 요청은 자주 결정을 요구하는가. 법원조직법 제1조가 법관에게 지시하는 법률을 그 명확한 문언 이상의 그 무엇으로 이해한다는 생각을 어떻든 오늘날 어느 누구도 더 이상 거부하지 않는다. 왜냐하면 사실상 법률문언의 포괄적인 수정, 수많은 학문적 개념들로써 법률문언들을 재형성적으로 관통하기, 하나의 체계로 법률문언들을 재형성하기, 몇몇 법률문언에 부담을 주는 산더미 같은 서적들, 수많은 선결례들이 존재하기 때문이다. 그럼에도 불구하고 제 요소는 "법률"로부터 추측할 수 있는 현상에서 유효하다. 사람들이 그 속에서 여전히 계속해서 "합법률성"을 본다면, 사람들이 "판결에서 나타나는 법과 제정법 사이의 피할

---

5) Archiv für Sozialwissenschaften, N. F. 4(1906) S. 355ff. "법관의 위기"란 표현은 Schloßmann, Der Irrtum über wesentliche Eigenschaften, Jena 1903 S. 63과 Sohm, Deutsche Jur. Zeitg. 1910 S. 115에 의하여 사용되었다.

수 없는 차이"6)를 눈앞에 두고도 여전히 계속해서 법률에 대한 구속의 요청이 달성된 것으로 본다면, 사람들은 법률의 내용과 이러한 내용에 대한 구속을 어떻게 이해하는가를 설명할 학문적 의무가 있다. 법원조직법 제1조를 언급하는 것은 그에 대하여 아무것도 이야기하는 바가 없다. 법률텍스트에 순조롭게 포섭될 수 있는 경우는 분명히 몇 안 되기 때문에, "합법률성"의 요청을 고집하는 경우도 "본래의", 즉 (분명한 내용으로부터 볼 때) 법률의 본래의 것이 아닌 내용을 탐구하기 위하여 특정의 방법을 적용하여야 한다. 그리고 모든 문제는 이 방법에 달려 있다. 그리고 모든 문제는 그러한 방법을 수단으로 하여 매개된 법률의 내용 일반이 어떤 근거로 그 법률의 내용에 근거한 판결이 여전히 "합법률적"으로 표현될 수 있는 "법률"로 간주될 수 있는가에 달려 있다. 따라서 가장 중요한 일은 어째서 법관이 법원조직법 제1조에 의하여 이러한 해석방법에 복종하게 되는가를 증명하는 것일 것이다.7) 그러나 이에 대하여 그 규정은 한 마디도 하지 않으며, 그 규정 속에서 우리는 언제 법관의 결정을 올바른 것으로 간주하여야 하는가라는 질문에 대한 대답을 탐지할 어떤 가능성도 찾아볼 수 없다.

---

6) O. Bülow, Gesetz und Richteramt, Leipzig 1885 S. IX.
7) 그곳에 또한 Neukamp, D. J. Z. 1912, S. 47에 의하여 가장 최근에 법원조직법 제1조를 끌어들이는 데 대한 대답도 있다. 노이캄프 *Neukamp*는 전통적인 해석학과 차이가 나는 모든 해석을 법률에 대한 침해로, 법원조직법 제1조에 대한 위반으로 설명한다.

따라서 전통적 해석학은 법원조직법 제1조를 증거로 인용할 수 없거나 또는 법원조직법 제1조를 자신의 방법에 따라 해석하여야 자신의 방법을 "합법률적인" 것으로 증명할 수 있다. 사람들이 이 규정을 법관의 결정의 올바름을 위하여 평가하고자 하는 한, 왜 이 규정이 판결작성 시 주의해야 할 형식, 즉 판결에 결정이유를 포함시켜야 할 의무에 대한 민사소송법과 형사소송법의 실정규정에 대한 언급 이상의 그 무엇을 포함하고 있는가 하는 것이 이해될 수 없다. 어떤 결정의 내용적 올바름에 대한 표준을 제시하기 위한 그 유용성과 관련하여 법원조직법 제1조는 어떻게 해서 위에서 언급된 민사소송법 제565조와 같은 단계에 있게 되는가? 법원조직법 제1조는 "비법률적" 결정에 대한 법관의 책임을 결정하는 민법과 형법의 규정들과 같은 정도로 올바름의 실질적 표준을 포함하고 있지 않다. 법원조직법 제1조는 법관이 어느 정도로 법률에 구속되는가에 대하여 언급하고 있지 않다. 마찬가지로 법원조직법 제1조는 법관의 의무가 사정에 따라서는 소멸하는가 여부에 대해서도 언급하고 있지 않다. 명백한 부당전제(不當前提 petitio principii) 없이는 법원조직법 제1조로부터 해석방법을 위하여 어떤 것도 도출되지 않는다. 따라서 사람들은 법원조직법 제1조로부터 근본적인 질문에 대한 어떠한 대답도 기대할 수 없을 것이다.[8] 교과서와 주석서에서 발견

지배적 해석이론의 문제제기

---

[8] 법원조직법 제1조에 대한 평가가 우리의 주제를 위하여 고려의 대상이 되는 한, 그 평가의 결과는 그렇게 된다. Doerr, 전게서, S. 443ff. 참조. 같은 이야기가 복무선서에 대한 언급에 적용된다(Zitelmann, Schloßmann, 전게서, S. 39 참조). 다

되는 해석에 대한 전통적인 진술은 사실상 관행인 해석 방법을 설명하는 데 한정된다. 그에 따르면 다양한 방법에 의해서, 즉 확장해석과 축소해석, 유추와 반대해석(argumentum e contrario)에 의해서 법률의 "참된" 내용이 밝혀져야 한다. 나중에 더 자세하게 비판하게 될 방법은 어떤 논거도 없이 다음과 같은 두 가지를 자명한 것으로 전제한다. 1. 그 다양한 해석자료는 법률의 "참된" 내용을 밝힌다. 2. 법률이 올바르게 해석되는 한 법관의 결정은 올바르다. 이곳에서는 이러한 잘못을 범해서는 안 되며, 따라서 문제제기에서부터 다음과 같은 것이 강조되어야 한다. 사람들은 언제 올바르게 결정되었는가라는 질문과 언제 올바르게 해석되었는가라는 질문을 동일시해서는 안 된다.

자유법 운동의 문제제기

모든 결정의 "합법률성"의 사고는 오늘날 극복된 것으로 설명될 수 있다.9) 전통적 해석방법의 불충분한 결과에서 시작되고 최소한 독일에서 "근대적"인 "자유법"

음과 같은 내용의 이탈리아 민법전(codice civile, Donati, Archiv für Rechts- und Wirtschaftsphil. III. S. 287의 번역) 제3조도 우리에게 도움이 되지 않을 것이다. 법률을 적용함에 있어 법률에 그와 관련된 그리고 입법자의 의도(?)에 따른 단어의 본래 의미 이외의 어떤 다른 의미도 첨가되어서는 안 된다. 정확한 법률규정으로써 어떤 사안이 결정될 수 없는 때에는 유사한(?) 사안이나 대상과 관련 있는 규정들이 고려될 수 있다(!). 그럼에도 불구하고 그 사안에 대하여 의심이 있는 경우에는 일반적 법원리에 의하여(!) 결정이 내려진다.

9) 또한 최초의 사람들 중 한 사람으로서 "von der logischen Geschlossenheit" des Rechts, Berlin 1900 in der Festgabe der Gießener Jur. Fakultät fü Dernburg S. 131ff.에서 전통적 해석학의 논리적 물합리성과 자의성을 입승한 융 *Jung*은 Positives Recht, Gießen 1907, S. 41에서 다음과 같이 말하고 있다. "나는 오늘날 사람들이 법의 무흠결성과 논리적 완결성이나 모든 결정의 전거성에 관한 신조는 해결되었다고 주장해도 된다고 믿는다."

운동에서 우선 항론적(抗論的) 성격을 띠었던10) "법학을 위한 투쟁"에서 사람들은 법의 "논리적 완결성"에 관한 이론에 대하여 법의 흠결성과 불충분성, 전통적 해석론이 사용하는 자료의 궁색함, 법관이 판결을 발견함에 있어 사실은 직감적인, 비합리적인 동기들이 결정적이지 힘들어서 법률의 문언을 지향하는 추정(推定)과 구성이 결정적이지 않다는 심리학적 사실을 강조하였다. 사람들은 종전의 방법은 제 개념과 제 구성을 수단으로 하는 부적절한 요술(妖術)이라는 것, 종전의 방법은 그 위에서 사실상 결정이 발견되고 발견되어야 하는 방법, 즉 법의식, 이익형량, 실제 거래상의 필요, 사회적 고려를 은폐하고 있다는 것을 논술하였다. 전혀 다른 결정에 의하여 규정된 결과를 달성하기 위하여, 확장해석 또는 축소해석, (항상 문제점이 있는) "평등"이나 심지어는 마찬가지로 문제점이 있는 "법률상의 이유"로부터의 유추, 반대해석이 방법론적 명확성 없이 무질서하게 적용되고 있다. 동시에 전문가는 "구성"이 독특하며 아마도 올바르기도 하지만 어떻든 불가피하다는 것을 정확하게 알고 있다. 그런 식으로 새로운 운동은 간단히 해결할 수 있었다. 최근 몇 년 사이에 (그런데 정당하게) 유추과정과 반대해석에 대해서는 최악의 판단이 내려졌다. 사람들은 "논리적으로" 어떤 법명제의 "원칙"으로부터 유추를 통해서, 순수한 "인과관계"11)에서 다

---

10) 예컨대 Rogge, Methodologische Vorstudien zu einer Kritik des Rechts, Berlin 1911, S. 3가 강조하고 있다.
11) 그런 식으로 유추는 대체로 정서(淨書)된다. 본문에서 인용부호로 표시된 표현

수의 새로운 법명제를 도출해내는 데 어떤 논리적 잘못과 오류가 잠복해 있는가를 증명하였다.

이러한 과정으로써 개념들로부터 오직 논리적으로 추론하는 일이 시도되었지만, 그와 동시에 오직 논리적인 방법만으로는 아마도 지식을 정서(整序)할 수는 있으나 내용적으로 증대시킬 수는 없다는 것과 더 나아가서 아마도 가설과 삼단논법의 결론명제 사이에는 고정된 관계가 성립할지 모르나 결론명제와 가설 사이에는 고정된 관계가 성립하지 않는다는 것이 간과되었다.[12] 그렇지만 이제는 모든 법의 최상의 목적으로부터 개별적인 결정들을 도출해내는 것이 정당화 될지도 모른다.[13] 그러나 전

방법은 Thöl, Einleitung in das deutsche Privatrecht, Berlin 1851, S. 154/5에 있다.

12) 유추는 물론 반대해석에서 문제되는 것은 목적론적 고찰이라는 것을 특히 Jung, Logische Geschlossenheit, S. 140, Kantorowicz(Gnaeus Flavius), Der Kampf um die Rechtswissenschaft, Heidelberg 1906, S. 29(이에 대하여는 "재치 있는 저서의 모든 문장의" 칸토로비치 *Kantorowicz*의 설명에 동의하고자 하는 Graf Dohna im Jur. Lit. Blatt 18, S. 157 참조), Heck, Goldschmidts Z. f. d. g. H. R. 37, 278와 특히 상세하게 Brütt, Die Kunst der Rechtsanwendung, Berlin 1907, S. 79가 입증하였다. 어떻든 그들은 법적 개념들의 논리적 풍부성과 다산(多産)의 난혼(亂婚)은 이제 아마도 끝장이라는 사실에 도달하였다. 이 문제에 대한 이전의 견해들에 대해서 유추는 순수한 논리가 아니라 "이성적인 것의 인식에" 기여한다는 Wach, Handbuch des Zivilprozeßrechts I, S. 256의 언급을 참조하면 될 것이다. 또한 Schein, Unsere Jurisprudenz und Rechtsphilosophie, Berlin 1889, S. 158ff도 참조 - 이곳에서 흥미를 끄는 것은 '논리적'이라는 단어에 대한 Sternberg, Einfürung in die Rechtswissenschaft I, Bd. Leipzig 1889, S. 158ff.의 언급이다.

13) Simmel, Arch. f. Sozialwi. XXXIII 1911, S. 4. "만일 객관적으로 규명된 모든 법의 궁극목적이 성립될 수도 있다면, 모든 개별적 법규정은 원칙적으로 순수하게 합리주의적인 방법으로 그 궁극목적을 지향하면서 구성될 수 있을지도 모른다. 또한 그 궁극목적은 자기 쪽에서 바로 정의감의 형태, 확고한 논리적 특수

통적인 이론은 항상 논리적 "개념들"을 가지고 작업하였고, 지속적으로 실은 그들의 목적론적 관찰을 논리적인 관찰이라고 주장하였으며, 개별적인 것으로부터 일반적인 것을, '개체'(species)로부터 '유개념'(genus)을 이론의 여지가 없이 도출할[4] 수 있다고 믿는 논리적 오류를 범하였다. 또한 우리가 입법자의 침묵으로부터 이끌어내는 반대해석의 경우에도 합목적성관찰이 문제된다. 때로는 그러한 종류의 논증이 결정적일 수 있으나, 그러한 논증을 보편타당한 "논리적" 논증이라 주장하는 것은 거짓이며, 이러한 전환의 기초가 되어 있는 논리적 원칙을 제시할 수도 없으면서 금방 유추의 방법으로 논증하다가 금방 반대해석으로 논증하는 것

형상에 대한 정의감의 결정(結晶)일 수도 있을 초논리적 행위를 통해서만 규정될 수 있을지 모른다." 칼커 *van Calker*의 완성이론(Politik als Wissenschaft, Leipzig 1899와 Ethische Werte im Strafrecht, Berlin 1904 참조)은 이러한 짐멜 *Simmel*적인 명제의 모든 세목을 충족하는 최상위의 목적을 그렇게 확정하는 것을 의미한다.

14) 나는 내 논문 "Über Schuld und Schuldarten", Breslau 1910, § I에서 이러한 오류의 개별적인 경우, 즉 "종"(種)으로부터 책임개념을 도출하는 것을 다룬 바 있다(그런데 그 임시적인 방법론적 언급(예컨대 S. 130)은 이 연구에서 정정한다). 그와 함께 그러한 맥락에서 아리스토텔레스 *Aristoteles*가 저 오류를 논박하는 다음과 같은 표현이 언급되어야 할 것이다. "또한 근거에 맨 처음 존재하는 것으로서, 그 안에 있는 어떤 것이라고 말하게 되며, 이 종류는 차이의 성질들이라고 말한다"(item ut in rationibus quod primium inest, quo dicitur in eo quod quid, hoc genus, cuius differentiae dicuntur qualitates). "그러나 우리가 개별적인 것들을 정의하기 위해 알아야 하는 것은, 정의(들)의 진정한 일반원칙들이 있으며, 또한 정의에 대한 일반원칙의 존재가 필요하다는 것이다"(cum aetum singula cognoscamus per defitiones, principia vero definitionum genera sint, necesse est definitorum etiam principia genera esse). 더 나아가서 Stammler, Theorie der Rechtswissenschaft, Halle 1911, S.6/7 참조.

은 비논리를 드러내는 것이다. 목적론적 논증, 즉 "논리적" 논증이 달리 발견된 결과를 "정당화하기" 위해서만 도구일 수 있었던 목적 관찰이 근거가 되었다. 법개념들은 다른 어떤 개념15)보다도 "풍부한 성과"를 내는 데 적합하지 않다. 풍부한 성과를 내는 것은 오직 목적뿐이다. "오성은 악(惡)과 선(善)에 기여한다"16)는 것은 명백해졌다. 헤겔 Hegel의 천재적인 표현을 사용한다면, "오성의 방법과 오성의 불평의 방법이 행하는 영원한 기만"17)이 명백해졌다.

자유법운동18)은 이러한 논거들로써 현행법의 전통적

---

15) 이러한 것은 Gruppe, Antaeus, 1831 S. 276에게서 매우 간단명료하게 다음과 같이 표현되고 있다. 이곳에서는 Vaihinger, Die Philosophie des Als ob, Berlin 1911, S. 392에서 재인용. "개념들은 언어 실제에서 기인하여 실제로만 이용된다. 그러나 그것들 자체로부터는 이론적인 것이라곤 어떤 것도 도출되지 않는다. 우리는 그것들로부터 어떤 것도 수확해낼 수 없다. 그것들은 단지 수단일 뿐이고 내용이 아니며, 약어(略語)이자 보조어구(補助語句)일 뿐이다." - 최근에 콜러 Kohler(Arch. f. Rechts- und Wirtschaftsphil. III, S. 324)가 개념의 현실성에 찬성하고 있으나 그것은 다른 맥락에서이다.

16) 또한 그밖에도 최근에 열렬하게 주장되는 많은 것을 (예컨대 S. 208) 태연하게 선취(先取)하고 있는 Jordan, Bemerkungen über den Gerichtsgebrauch, dabey auch über den Gang der Rechtsbildung und die Befugnisse der Gerichte. Arch. f. d. ziv. Praxis, Bd. 8(1825), S. 219. Landsberg, Geschichte der D. Rechtswissenschaft III, 2, S. 187은 정당하게도 그 논문을 강조하고 있다.

17) Grundlinien der Philosophie des Rechts, Berlin 1821, S. 11. 부록 I 참조.

18) 그 자체 내에서 매우 세분화된 운동에 대한 이러한 명명(命名)은 잠정적으로 유지될 것이다. 그러한 명명은 자체로서 자유로운, 즉 비실정적인 법을 가리키고 (에얼리히 Ehrlich와 칸토로비치) 그러한 법을 교리에 구애받지 않는 운동과 대등한 것으로 보는 데 환원되거나(칸토로비치) 이니면 그러한 명명은 세상사에 어두운 로마 가톨릭교와 자연법의 반동적 경향으로부터 자유를 쟁취하려고 노력하는 데 환원된다(로게 Rogge). 그 속에서 유효하게 되는 다양한 견해들에 대한 이 연구의 입장은 앞으로 더 설명되는 과정에서 그리고 이하의 장(章)들에

해석을 논박하였다. 우리는 이러한 비판을 적절하다고 부를 수 있을 뿐이다. 특히 이전의 유사한 시도들[19]의 단초들과 비교하면 자유법운동의 결과는 통례를 뛰어넘는 것이었고, 오늘날 다행스럽게도 어느 누구도 더 이상 베르크봄 Bergbohm[20]의 다음과 같은 명제, 즉 "이른바 실정법체계의 흠결을 그 어떤 곳으로부터 도출된 비실정법 체계의 구성요소로써 보완하는 자와 의당 법문이어야 하나 바로 의문시되는 다른 법에 속하는 규범을 생각하는 자는 자연법 신봉자이다"라는 명제를 경악스러워하지 하지 않게 되었다. 오늘날에도 공상가나 몽상가로 간주되지 않으면서 자연법[21]에 대하여 언급하는 것이 가능하다. 모든 결정의 전거(典據)에 관한 이상을 특히 유효하게 표현할 뿐인 "정의를 관철하려고 하는 자는 유력자의 개인적인 이해관계를 고려해서는 안 된다"(정의는 자신의 길을 가야하고 교만은 무효가 되어야 한다. fiat justitia, pereat mundus)

서 분명해질 것이다.

19) 그에 대하여는 부록 II의 말미에 있는 주해 참조. 그러한 운동에는 독창성과 비독창성에 대한 질문을 위한 공간은 전혀 없기 때문에, 내 분야가 아닌 결여된 독창성에 대한 비판은 그 주해에는 없다. E. Rosenbaum, Ferdinand Lassalle, Jena 1911, S. 2ff.의 다음과 같은 설명 참조. "엄밀한 의미에서 독창성이란 개념은 결코 사고 내에서 선재성(先在性)이나 독립성에 기인하지 않는다."

20) Jurisprudenz und Rechtsphilosophie, Leipzig 1892, S. 134.

21) Ehrlich, Freie Rechtsfindung und freie Rechtswissenschaft, Leipzig 1903, S. 23. "자연법은 그 자체 사람들에 대한 힘을 잃었으나 자연법의 국가는 부상하였다. 여러 방향의 독일법학은 무의식적으로 자연법의 내용을 취하고 있다." 또는 "변형된 형태의 자연법의 부활"을 언급하고 있는 Kantorowicz, Kampf um die Rechtswissenschaft, S. 10. 주지하는 바와 같이 슈타믈러 *Stammler*는 그의 "정법"(正法)을 "변화하는 내용을 가진 자연법"으로 부르고 있다.

란 명제는 인망(人望)과 동기를 부여하는 힘을 상실하였고 그저 변명에 지나지 않는다.22) 하지만 이곳에서는 그에 대하여 이야기해서는 안 될 것이다. 또한 학문이론에서 법학의 상황, 심리학과 법학, 사회학과 법학과 같은 새로운 문제점들을 강조하는 새로운 운동의 업적도 이곳에 속하지 않는다. 이곳에서 관심을 끄는 것은 단지 법실무는 실정법률을 참조하라고 지시한다고 해서 해명되지는 않는다는 것일 뿐이다. 이제 우리는 이러한 오류에 반대하여 웅거 Unger에 의하여 정의된 다음과 같은 명제를 제시한다. 법률은 흠결이 있으나 법은 흠결이 없다. 그와 동시에 무엇을 "법"으로 이해하느냐라는 문제는 해명되지 않거나 이론의 여지가 있는 것으로 남아 있게 된다.

판결의 심리학적 성립과 그 방법적 의미

이제 다시 문제를 제한하는 것으로 되돌아가자. 전통적 견해를 반대하는 일부 학자들은 법관들이 판결을 발견함에 있어 "주의주의적" 동기가 결정적인 작용을 한다는 심리학적 사실에서 출발하였다. 논증하기 전에, 즉 법률로부터 법적으로 추론하기 전에 판결은 완전히 발견되어 있다. 그로부터 우리는 언제 결정이 옳은가라는 문제

---

22) 이미 Leist, Über die dogmatische Analyse römischer Rechtsinstitute, Jena 1854, S. 68가 이 명제에 대하여 다음과 같은 판결을 선고하였다. "fiat justitia, pereat mundus란 명제는 가끔 바로 그러한 저항("사물의 본성"에 대한)을 변명하는 데 일조하였으나, 현재는 그 자체 반대방향을 향하고 있다. 세계가 아니라 아마도 그에 대하여 반항하는 자들이 멸망할 것이다." 그러니 여기서 라이스드 Leist는 규범의 경험적 현실에 반대하고 있다는 것을 간과하여서는 안 될 것이다. 그러나 이 명제에 대한 거부는 우리가 "정의"(justitia)의 내용으로서 그 모범적 해석기술의 결과를 주장하는 경우에만 타당하다.

에 대답하기 위한 결론을 이끌어내었다.23) 사람들은 해석자나 법관은 궁극적으로 자신의 감정이 자신을 인도하도록 한다는 것을 언급하였다. 그리고 그러한 감정으로부터는, 다소간 명시적으로, 의당 다음과 같은 것, 즉 법적 논증을 연결고리로 유지하는 것은 불필요하다는 것과 이러한 "은폐적 코미디 기술"을 사용하는 것보다는 공개적으로 자신의 법감정과 자신의 건전한 인간오성을 증거로 끌어내는 것이 더 이성적이고 더 솔직하다는 것이 분명해진다는 것이다. 그러한 생각에 따르면 (심리적) 현실에서 법관이 결정을 발견함에 있어 행하는 것은 의당 결정의 올바름을 결정하여야 한다. 매우 빈번하게 판결이 법률문언을 무의미하게 우회한다고 해서 올바른 결과에 이를 수는 없다는 것으로부터 추론된 법률외적 고려에 의하여 규정된다는 것은 종종 매우 격렬하게 지적되었다.

이러한 결론은 어쨌든 이러한 무제한성에서 옳지

---

23) 특히 Rumpf, Gesetz und Richter, Versuch einer Methodik der Rechtsanwendung, Berlin 1906, Kap. IV가 그렇게 하였다. 그는 Brütt, a. a. O., S. 182에게서 자신의 반박을 찾아내었다. 그 이전에 이미 Schloßmann, a. a. O., S. 35도 "결정의 심리학적 근원을 생각하지 않고 우리가 실제로 변화하는" 방법을 존중하고자 했다. 위에서 언급한 논증은 매우 빈번하게 예컨대 Fuchs, Gemeinschädlichkeit der konstruktiven Jurisprudenz, Mannheim 1909, S. 30/1; S. 38에게서 발견된다. 그러나 예컨대 Friedrich, Die Bestrafung der Motive und die Motive der Bestrafung, Berlin 1911(Arch. f. Rechts- u. Wirtschaftsphil. III, S. 207에서 알려진 장소)도 참조. 칸토로비치는 이러한 맥락에 속하지 않는다. 왜냐하면 그는 법실무의 문제를 심리학적으로 보지 않고 더 이상 "올바름"(正)에 대하여 질문하지 않기 때문이다. 최소한 그의 논문 "Zur Lehre vom richtigen Recht", Berlin 1909에 따르면 이 점은 분명하다.

않다. 한 결정의 심리적 성립을 분석한다고 해서 그 결정의 올바름에 대한 판단기준을 얻을 수는 없다. 또한 실제로 어떤 법률가도 그런 시도를 하려는 생각을 하지 않는다. 어쨌든 올바르지 않은 방법으로 성립한 수뢰(受賂) 법관의 판결은 청렴한 법관의 판결이 잘못될 수 있는 것과 마찬가지로 올바를 수 있다는 것을 누구나 알고 있다. 회의를 여섯 시간이나 하고 내리는 법관의 결정은 그 회의가 시작될 때 그랬던 것과는 달리 내려질 것이라는 것은 심리학적으로 개연성이 매우 높다. 그러나 그러한 사실로부터 결정의 올바름에 대한 어떤 판단기준을 도출할 수 있겠는가? 판결을 논증하는 것과 판결하는 것을 심리학적·인과관계적으로 설명하는 것을 혼동해서는 안 된다. 예를 하나 들어보자. 자기가 뒷굽이 경사진 구두를 신고 있는 사실로부터 지구가 공(球)이라는 결론을 내리는 사내아이는 주목할 만한 발견을 한 것이 아니다. 논증은 판결에 속하고 올바른 견해는 아직은 인식이 아니다. 그러나 이번에는 예컨대 17세기의 어떤 학자가 지구가 구형이라고 믿는 모든 사람은 경사진 구두의 뒷굽을 주시함으로써 그러한 믿음에 도달했다는 것을 증명함으로써 지구가 평면이거나 아니면 주사위라는 것이 증명되었는가? 또는 저 사내아이의 발견이 후일 과학적으로 증명된다는 사실에 의해서 그 사내아이의 생각이 주목할 만한 생각으로 되었고 그 사내아이가 자신의 방법이 매우 단순하고 직접적인 방법이라는 것을 관철시킬 수 있고 어떤 작위(作爲)가 없어도 이제 인정된 결과를 증명하는가? 그것은 이도 저도 아니다. 또한 우리는 심리학적 논거에 대하여 부단히 다음과 같은 의문을 제기할 수도 있을 것이다. 왜 해석자와 법관은 직접 그들의 법감정을 따르지 않고 "구성하는 것"을 법적인 의무로 (그것이 법감정일 수도 있다) 느끼는가 그리고 그들이 행한 판결의 논거에서 결정적인 것을 주장하기보다 감정적인 숙고가 아닌 구성법학의 논리를 주장하는 것이 법적인 의무라고 느끼는가. 왜 그들이 그렇게 함으로써 의당 부당하다는 것은 오늘날 가끔 주장되듯이 결코 그렇게 자명한 것은 아니다. 다음과 같은 비교를 생각해볼 수 있다. 어떤 위선자가 비도덕적 동기에서 행한 행위를 도덕적인 이유를 대면서 세상 사람들에게 설명한다고 해서 누구도 다음과 같은 결론에 이르지는 않을 것이다. 그 위선자가 도덕적 동기를 분명히 변명으로만 사용하고 그의 진정한 이유를 고백하는 것이 좋을 수도 있기 때문에 도덕적으로 행동하는 것은 잘못일 수도 있다. 그와는 정반대로 사람들은 그 위선자가 자신의 위선을 인정하는 데서 도덕의 승리를 보게 될 것이다. 물론 여기서 문제되는 것은 오직 그로부터 원인이나 결과를 평가하기 위하여 증명되는 현실적이고 주장된 인과관계일 뿐이다. 이러한 심리적 관계 일반으로부터 동기를 평가하기 위한 결론을 이끌어낼 수 있을 가능성은 그야말로 부정되어야 한다.[24]

---

[24] 언젠가 프로이트 *Freud*학파의 어떤 심리분석가가 법관의 결정에 관하여 이론의 여지없이 그리고 완벽하게 법관의 결정이 그 심리적 생성(生成)에서 유년의 욕정, 감정 전이(轉移) 및 투사에 기인한다는 것을 증명하였다 하더라도, 그로써 법관의 활동의 기초가 흔들리는 것은 아닐 것이다(프로이트도 전혀 그렇게 생

법관의 마음속에서 일어나는 과정을 실험적·심리학적으로 연구한다고 해서 그것이 법관의 판결이 언제 법적으로 올바른 것으로 관찰되는가에 대하여는 아무 것도 밝힐 수 없다. 사람들이 오늘날 실제로 법감정에 상응하는 판결만을 올바른 것으로 간주한다는 논거에는 올바름에 대한 관념을 올바름의 판단기준으로 간주하는 매우 커다란 오류가 숨어 있다.[25] 결정이 내려지자마자 - 그것이 어떻게 성립되었든 관계없이 - 결정은 그 논증과 함께 구체적 결정의 개별적 또는 사회심리(학)적 성립 또는 그에 대한 지배적 생각과 전혀 무관하고 전혀 다른 영역에 속하는 특별한 규범들의 지배를 받게 된다.

그러나 아마도 그들 중 대부분이 기원에 관한 설명과 규범적 관찰의 대립을 오인하지 않는 오래된 해석이론[26]을 반대하는 모든 사람들은 다음과 같은 하나의 점에서는, 즉 오래된 해석이론을, 실정법률 속에서 진행되는 해

각하지 않는다).
[25] Hegel, a. a. O., S. 5. "이 개념 그 자체가 그 **진실**에서 그리고 그 **관념**에서 존재하듯이, 이것은 잡다하게 따로따로 존재할 뿐만 아니라 또한 그것은 형식과 형상에 따라 존재하여야 한다. 그러나 관념이 그 내용에 따라 거짓이 아니라면 개념은 관념 속에 포함되어 있고 그 본질에 따라 관념에 존재하는 것으로 제시될 수 있다. 즉 관념은 개념의 형식으로 고양될 수 있다. 그러나 관념은 그 자체 스스로 불가피하고 진실인 개념의 척도이자 판단기준이지는 않아서 오히려 관념은 자신의 진실을 개념으로부터 취하여야 하고 개념으로부터 정당화되고 인식되지 않으면 안 된다." 이 문장들은 바로 S. 8 a. a. O.와 마찬가지로 사람들이 "개념"을 헤겔과는 다른 그 무엇으로 이해하는 경우에만 의미를 가진다.
[26] 이곳에서 자유법운동의 역사를 기술하는 것은 아니라는 점을 강조해둔다. 또한 다른 학문분야(예컨대 자연과학, 의학)와의 비교를 증거로서 제시하는 견해들을 상세하게 논박하는 일은 우리의 주제의 경우에 필요하지 않다. 그러나 이 책 말미에 있는 <주해3>을 참조하기 바란다.

석 내부에서 최소한 이론적으로는, 다른 해석으로 대체한다는 점에서는 공동보조를 취한다. 그들은 보다 광범위하고 보다 적응력이 있으며 법관에게 더 많은 활동의 자유를 주는 "초실정적" 규범들을 발견해내려고 한다. 법관이 적용하는 "법"은 외부로부터 새로운 내용을 받고 이러한 "초법률적" 구성요소들은 의당 모든 개별 결정에서 의미를 가져야 하고 결정이유들에서 이용될 수 있어야 한다. 예컨대 우리가 어떤 "문화이상"으로부터 출발하는 경우, 현행 실정법을 그것에 따라 평가하기 위해서 뿐만 아니라 또한 실정법에 흠결과 의문점이 있는 경우 그것을 참조하라고 지시하기 위해서 우리는 꽤 확실한 내용을 가진 개별적인 규범들을 그것으로부터 개발할 수 있다. 그렇게 해서 법관이 그것에 근거하여 자신의 결정을 내릴 수 있는 규범복합체는 계속해서 개발되며, 법관이 법률의 엄격한 문언에 구속되는 것의 어려움과 실제적인 불가능성 및 진부한 해석방법은 제거되었다. 이러한 방법으로 법감정, "한 문화시기의 '법의식'(Rechtsempfinden 베롤츠하이머 Berolzheimer)"과 일치하는 판결을 쉽게 달성할 수 있다는 것은 자명하다. 왜냐하면 바로 그를 위한 지도적 관점은 그러한 비실정적 심급에 소급될 수 있었기 때문이다. 그러한 것이 어느 정도까지 정당화되는가 하는 것은 문제제기를 다루는 이곳에서는 상세하게 논의하지 않는다. 다만 이러한 견해들도 궁극적으로 어떤 결정의 올바름의 판단기준으로서 "합법률성"을 주장하고 이러한 관점에서 그들이 "합법률성"이란 단어에서 사용하는 법률을 또한 의당 해석되고 적용되어야 할 다른 그 무엇으로 이해한다는 것을 통해서만 스스로를 오래된 해석이론과 구별한다는 것을 강조할 필요는 있다. 그러므로 또한 이러한 견해도 올바른 해석의 판단기준과 올바른 결정의 판단기준을 구별하지 않는다. 그러나 문제에 대한 모든 연구가 이러한 차이가 없음을 자명한 것으로 감수한다 하더라도 관찰을 위한 다른 관점을 획득할 수 없는 것은 아니다. 우선 강조되어야 하는 것은 오직 결정의 올바름이 문제가 된다는 것이다.

제2장

법률의 의사

제2장
법률의 의사

오늘날의 법실무는 법률을 적용하고자 한다. 오늘날의 법실무는 "입법자의 의사"나 "법률의 의사"에서 그의 권위 있는 원칙을 파악하고 따라서 어떤 결정의 올바름에 대한 문제를 다음과 같이 대답한다. 법관의 결정은 그것이 입법자에 의하여 실정법에서 예견되어 있는 경우에, 권위 있는 입법기관이 결정한 경우에, 최소한 (사람들은 안전하게 마치 그것이 전혀 다른 것이 아닌 것처럼 첨언한다) 결정하였었을 경우에, 그 경우를 예견하였었을 경우에 올바르다. 그에 따르면 법률 자체와 마찬가지로 결정은 법률이 그 내용으로 하는 동일한 의사로부터 힘과 함께 아마도 대등한 합법률성, 즉 올바름을 취한다. 이러한 질료에서 인기 있는 비유적 표현을 사용하여 말한다면, 결정은 법률이란 물로부터 길어 올려진다.[1]

입법자의 의사

---

[1] 이하에서는 이 연구의 성과를 끊임없이 고려하면서 법적 방법에 관한 지배적 견해에 대하여 비판을 시도할 것이다. 또한 이와 같은 것이 법률이나 입법자의

이제 모든 것이 하나의 "의사"에 달려 있다면 법률기초자나 경험적 구체적 "입법자"의 사실상의 의사를 권위 있는 것으로 간주하는 것, 우리가 입법의 동인으로 표현할 수도 있는 사람들 속에서 법률을 기초함에 있어 일어난 심리적 과정을 그 구체적 관념내용 속에서 파악하는 것이 매우 중요할 것이다. 구체적인, 결정을 내리기 위하여 제시하는 구성요건은 저 구체적 관념내용에 의하여 포괄되어 있고 역사적 "입법자"가 이미 결정했을 것만을 결정으로 표현된다고 사람들은 간주하였다. 결정이 곧바로 법률의 문언으로부터 결과된다면 연구는 아마도 어딘가에 의심을 풀어주는 법률작성자의 의견이 존재하지 않을까 여부를 가정하게 된다. 18세기의 소국의 군주가 "내 왕국에서는 로마의 '지참금에 대한 권리'(Dotalrecht)가 '부부간의 재산관계'(Güterstand)에 대한 법률질서로 적용된다"라는 법률을 공포했고 그 군주는 지참금에 대한 권리를 일반적인 '공유재산'(Gütergemeinschaft)으로 이해했다는 사례를 가정하는 경우 방금 이야기된 견해에 따르면 법률적용은 현실적인 의사를 고집해야 하고 일반적인 공유

"의사"를 설명하는 관점이기도 하다. 그렇기 때문에 그 설명은 이곳에서 문제되는 이론들의 역사일 필요도 또한 완전한 개관일 필요도 없을 것이다. 전통적 해석학에 대한 Sternberg, Allg. Rechtslehre (I) I. § 12의 뛰어난 비판은 그 방법에서 완결된 것이어서, 만일 슈테른베르크 *Sternberg*의 문장들("오늘날 모든 법적 작업의 유일한 원칙은 항상 객관적으로 올바른 법을 밝혀내는 것일 뿐"이고 "그 심리학적 계속발전을 고려할 때 일반적 윤리적 의사는 사실과 일치하는 입법자이다") S. 139, Anm. 1))과 이 연구의 결과 사이에 커다란 차이가 없어서 지배적 학설의 고유한 설명이 권위 있는 "의사"에 의하여 정당화된다면(슈테른베르크의 책 제2판에 대하여는 이 책 제3장의 초두에 있는 각주를 참조하라), 이곳에서 아무것도 되풀이하거나 덧붙일 것이 없는 듯하다.

재산을 법률적으로 부부간의 재산관계로 간주하여야 할 것이다. 물론 이는 지나치게 과장된, 역사에서는 일어나지 않는 예이다. 그러나 현실적인 의사만을 권위 있는 것으로 보려는 견해가 달리 결정하고자 하는 것은 인식되지 않을 수도 있다. - 소위 입법자료, 법률안의 "동기", 법사위원회에서의 정부대변인의 발언 등은 이러한 "실용주의적" 견해를 위해서는 커다란 의미를 가진다. 왜냐하면 사람들이 법적인 입법자를 입법기능의 역사적인 주체와 혼동할 뿐만 아니라 또한 그 밖에도 더 나아가서 종종 이러한 역사적 "입법자"를 법률기초자와 혼동하기 때문이다. 단순한 사람에게는 다음과 같은 사실은 "전적으로 명확하다." 즉 법률은 입법자가, 즉 법률을 "만드는" 자가 원하는 것, 즉 실제로 원했던 것이라는 점과 그러한 것은 입법자가 아직도 생존한다면 그저 그에게 물어봄으로써 어떻게든 "확정" 될 수 있어야 한다. 그러나 입법자가 사망한 경우에는 그러한 일이 물론 더 어려워지기는 하겠지만, 현대의 역사연구가 발전함으로써 그 무엇인가 새로운 것을 발견하는 것이 전적으로 불가능한 것만은 아니다. 예컨대 법적 "해석학"[2]의 교과서에 있는 다음과 같은 비교를

---

[2] "재치 넘치는 신학적 해석론자" 게르마 *Germar*를 원용하고 있고 그 자신은 신학적 해석학과 법적 해석학이 전적으로 같은 것으로 생각하는 Lang, Beiträge zur Hermeneutik des römischen Rechts, 1857, S. 64. 그의 책 S. 64/5에는 아래에 언급된 플리니우스로부터의 인용이 더 길게 기술되어 있다. 랑 *Lang*은 그 밖에도 방법론적 명확성을 추구하기 때문에 언급될 만하다. 물론 이러한 것이 전부다. 그는 "견고한 원칙"으로서(S. I) 모든 전래된 해석이론을 보고하고, 법률이 "해석자의 수중에서 기형아"로 되는 것에 대하여 불만을 토로하며(S. XV), 예링

사용할 수 있다. 누군가가 읽기 어려운 편지를 받고 그 편지를 판독하려고 하는 경우에 그는 발신인의 정신에서 생각해볼 것이다. 아마 수신인은 발신인의 성격, 말하는 방법, 필체, 편지의 목적 그리고 그밖에 그 편지를 판독하는 데 도움이 되는 참조사항들을 알고 있고 그래서 수신인은 그 편지를 읽을 수 있게 된다. 이러한 상황에서 법률해석자와 법관은 불명확한 법률을 대면하게 됨이 분명하다. 어떤 법률의 심의에서 어떤 국회의원의 표정의 움직임, 목소리의 강세 그리고 태도에서 그가 진지하게 생각하는 해석수단을 발견하는 것으로 충분할 수도 있다. 그렇다면 편지와의 비교가 일치하여야 하는 경우 우리는 플리니우스 Plinius의 다음과 같은 말을 인용할 수 있다.

"의심의 여지없이 얼굴, 행동, 목소리 자체가 말을 다스린다. 즉 악의적 해석을 상실한 문서는 평가에 의해 밝혀진다'(Nam sermonem vultus, gestus, vox ipsa moderatur: epistola omnibus commendationibus destituta malignitati interpretantium exponitur).

그리고 이는 사람들이 실제로 원용해온 인용문이다. 물론 이 인용문은 아마도 거의 실무에 이식시킬 수 없는 것이나, 법률의 편집자의 "눈앞에 아른거렸던" 것을

---

*Jehring*의 "유혹"(이때 그는 Jahrbücher Bd. I 모두에 게재된 예링의 논문을 염두에 두고 있다)을 경계하라고 말하고, 방법론적 문제를 주시하지 않는 "미래법학의 폭풍경보"를 비웃는다.

원용하는 일은 너무나 자주 발생해서[3] 지금까지의 자세한 설명이 그것으로 납득될 정도이다. 슈테른베르크 Sternberg에 의하여 "물신숭배"로 표현된 입법자의 견해는 국가의 기관과 그때그때 기관으로 기능하는 구체적 인간을 명백하게 혼동하는 데 근거하고 있다. 그 견해는 매우 단순하게 "의사"란 표현을 사용하고 있으며 역사적으로는 아마도 절대주의 국가의 법관이 모든 결정에서 그가 군주의 구체적 의사를 실현시켜야 했던 군주의 관리로서 자부심을 느꼈다는 사실을 가지고 설명될 수 있을 것이다.[4] 사람들이 입법자의 의식적 의사의 표현으로 관찰할 수 없었던 결정들이 날마다 내려지는 일은 피할 수 없었다. 그러나 입법자의 의식적 의사의 표현으로부터의 이탈은 입법자의 추정적인 의사를 근거로 하였으며, 법률의 해석의 결과도 그러하였다. 왜냐하면 해석 또한 오로지 입법자의 소관사항이었기 때문이다. 그리고 이는 해석은 새로운 내용을 창조해 내는 것이 아니라 단지 이미 존재하는 것을 발견해 내는 것이라는 견해보다 해석의 본질에 대한 더 훌륭한 인식을 실증하는 전적으로 논리에 맞는 생각이다.

---

[3] 심지어는 레넬 *Lenel*(Jehrings Jahrb. XLIV에 게재되어 있는 착오에 대한 논문에서)과 같은 학자에게서도 다음과 같은 논거가 발견된다. 사람들은 착오에 대한 사비니 *Savigny*와 유스티니아누스 법전의 제 학설을 이해하여야 한다. 왜냐하면 그 학설들은 민법 제119조의 작성자들에게 유효하였기 때문이다. Schloßmann, a. a. O. S. 23ff.는 레넬의 생각에 반대하였다.

[4] Stölzel, Brandenburg-Preußens Rechtsverwaltung und Rechtsverfassung 1888 II, S. 137/8을 참조할 것을 지시하고 있는 Adickes, Stellung und Tätigkeit des Richters(Gehestiftung), Dresden 1906, S. 10이 그러하다.

사람들은 다음과 같은 명제를 원용하였다.

"입법자만큼 법률의 해석은 오직 황제만이 정당하게 판단하게 될 것이다"(tam conditor quam interpres legum solus imperator juste existimabitur)(C.1. I2. C. I. 14).

괴테 Goethe가 박사학위 청구논문으로 제출한 법적 주제 53과 54의 명제들은 다음과 같다.

"모든 입법은 원칙과 관련한다. 그리고 법률의 해석을 위하여"(omnis legislatio ad Principem pertinet. ut et legum interpretatio).

<u>법률의 의사</u>   그러나 사람들은 실무에서 항상 이성적인 것만을 의욕하고 역사적 입법자를 옆으로 밀어 내는 이상적(理想的)인 입법자를 꾸며냈다. 그러한 일은 특히 입헌적 헌법들이 생겨나는 결과를 초래한 입법의 개정을 통하여 암시되었다. 그리고 입법자의 실제의 역사적 의사를 존중하는 데 반대하는 가장 인기 있는 논거는 오늘날 독일에는 전혀 인격을 지닌 입법자가 존재하지 않는다는 언급이다. 그러므로 오늘날 사람들은 대부분 법률의 의사에 대하여만 이야기할 뿐이다.

입법자의 의사이론이 가지는 모순과 당착은 사람들이 순수한 허구를 가지고 직입하는 데 대하여 분명하게 일려고 하지 않는 데 그 이유가 있다. 사람들이 일련의 "초실정적" 동기들과 내용들을 마치 그것들이 입법자의

의사인 것처럼 다루는 것을 의식하고 있었더라면 그리고 사람들이 이러한 허구가 계속해서 의식으로 남아 있고 그러한 허구에서 출발하여 해석이론을 확대 발전시키려고 시도했더라면, 사람들은 이론적으로나 실무적으로도 유용한 결과에 도달할 수 있었을지도 모른다. 그렇게 하는 대신 사람들은 허구를 도그마로 변화시켰고[5] 마치 그것이 입법자의 의사인 것처럼 사람들이 취급하는 것을 입법자의 실제의 의사인 것으로 증명하는 데 온갖 노력을 경주하였고 그에 상응하는 입법자를 발견해 내었다. 그렇게 되면 그 이론은 더욱 발전하여 이러한 "입법자"와 연계되고 중요한 것은 단순히 하나의 허구라는 사실에서, 그 본질과 내용이 본래의 주제였던 가정적인 관찰이라는 사실에서 출발하는 대신에 입법자를 꾸며내고 입법자를 이리저리 정정하게 되었다. "법률의 의사"는 "입법자의 의사"에 의하여 복제되었고 형식적으로는 물론 내용적으로도 후자 없이는 생각할 수 없다. 전자는 후자에 반대함으로써 후자에 종

---

5) Vahinger, Die Philosophie des Als ob, Berlin 1911, S. 220ff. "정신은 모든 표상내용들을 균형을 이루게 하고 모든 표상내용들 사이에 연속된 관계를 성립시키려는 경향을 가진다. 그러나 이러한 경향은 그러한 가설에 아직 전적으로 그 밖의 객관적인 표상들과 함께 같은 계열에 놓을 수 없는 표상이 혼합되는 한 그러한 가설에 적대적으로 대립한다(그리고 S. 221에 설명하였듯이 허구인 경우는 더 그러하다). … 한 번 객관적으로 간주된 표상은 **안정된** 균형을 유지하나, 가설은 단지 **불안정한** 균형만을 유지할 뿐이다. 그러나 정신은 모든 정신적인 내용들을 항상 안정되게 만들려는 경향을 가진다. …" 또한 허구에 있어서도 그와 더불어 주어진 불편한 긴장상태를 존재하지 않는 그 무엇을 마치 그것이 존재하는 것처럼 취급하여 결말을 지으려는 경향이 있다. "그래서 허구는 간단하게 도그마로 된다. 가정은 원인으로 된다."(S. 222)

속적이다. 법률의 의사란 표현은 다음과 같은 것을 주장한다. 첫째로, 그 어떤 특정 시기의 예컨대 유스티니아누스 Justinian 또는 프리드리히 대제 Friedrich der Große 와 같은 특정 인간의 실제적, 심리적 의사내용을 밝혀내는 일은 사실상 불가능하다. 예컨대 연방상원이나 그렇지 않으면 다수인의 집회와 같은 입법기관의 "의사"가 문제되는 경우 이러한 시도는 바로 허무맹랑하게 된다. 둘째로, "입법자의 의사"이론은 법률의 본질을 잘못 판단하고 있다. 법률은 영원불변의 고정된 내용을 가지는 것이 아니라 "불변의 생명력"(바하 Wach)을 가진다. 법률로 공포되는 것만이 법률로 된다. 바로 그렇기 때문에 입법자료, 위원회의 심의, 그 어떤 개인적 생각은 법률이 아니다. 그 밖에도 새로운 견해는 한 번도 입법자의 정신에 대한 심문을 진지하게 생각하지 않고 현행법의 재료를 가공하는 다양한 방법을 발전시킨 오래된 해석이론의 작업도구들을 차용하였다. 법률의 의사는 법률의 문언처럼 금방 축소되기도 하다가 금방 확대되기도 한다. 때때로 (유사한 것이 법관의 분별력에 내맡겨진다) 법률의 침묵에서 반대의사가 추론되기도 하고, 때때로 (또한 이곳에서도 해석자는 어떻게 자기가 마음대로 할 수 있는가를 보게 된다) 법률이 침묵하는 경우 법률규정이 생각하는 유사한 구성요건을 찾기도 하고 그러한 구성요건에 유효한 규정들을 "유추" 적용하기도 한다. 극단적인 경우에는 전체 법질서의 정신이 유추에 의하여 질문되기도 한다. 그와 함께 물론 이미 거의 100년 전에 누군가가 유추를 "해석의 탈선"[6]으로 불렀을 정도로 불확정성이 발생한다. 물론 그러한 인위적인 수단으로써 법률로부터 사람들이 그 속에서 발견해 내고자 하는 모든 것을 취할 수 있다. 그렇다면 시간이 경과하면서 다종다양한 방법에 의하여 제공된 논거들을 사용하는 데 있어서 모종의 규칙성이 분명해진다 하더라도 이런 저런 해석절차를 언제 적용할 것인가에 대한 정보는 전적으로 결여되게 된다. 그러나 이미 대다수의 법적 논쟁들은 이곳에서 중요한 것이 이론의 여지가 없는 논증이 아니라는 것을 증명하고 있다.[7]

---

6) Rudhart, Das Recht der Deutschen Bundes, Stuttgart 1822, S. 9. Jordan, a. a. O., S. 227은 루드하르트를 인용하면서 언제 유추를 적용하여야 하는가는 "일반적인 원칙에 의하여 정해지지 않는다. 통찰력과 올바른 판결(!)은 어설픈 두뇌가 유추를 찾지만 허사인 곳에서 유추를 발견할 것이다"라고 생각하고 통찰력 "그리고 그 반대"를 첨부하기를 잊지 않는다. 명확한, 방법적 논의에 대한 요구를 "건전한 감정이 누군가에게 충분하게 이야기하지 않는다면 그만큼 더 곤란하게 될 것"이라는 말로써 대답하는 그러한 표현을 사람들은 이 주제에서 전래적인 견해의 옹호자를 제외하고는 어디를 가든 만나게 된다.

7) 자신들의 고유한 방법에 대한 표현에서 전통적 해석학이 얼마나 불안하고 동요되고 있는가는 Rümelin, Kanzlerreden, Tübingen 1904, S. 67에서 외관상 명확한 다음과 같은 문장에서 표명되고 있다. "사실상 예나 지금이나 유효한 법이 무엇이냐 라는 문제에 대해서 법감정은 아무것도 만들어 낼 수 없다. 비록 이곳에서도 여전히 입법자의 법창조 의도를 호의적으로 추감(追感)함으로써 문언의 문법적·논리적 의미를 보완할 수 있다고 주장되기는 하지만, 이 문제는 전적으로 학문적 기술, 해석학과 역사적 비판의 영역에 속한다."(S. 275도 유사하다) "비록 주장되기는 하지만"이란 표현을 통하여 "호의적 추감"과 학문적 기술이 연결되는 방법은 다음과 같은 풀 수 없는 수수께끼를 포함하고 있다. 1. 그러므로 중요한 것은 (아마도 역사적인) 입법자의 의도이다. 2. 학문적 기술은 어디서부터 이러한 의도를 발견할 수 있는 능력을 얻게 되는가? 3. 학문적 기술과 호의적 추감 사이에는 후자가 전자를 보완할 수 있도록 어떤 관계가 성립되는가? 4. 보완할 수 있는 이러한 능력은 동질성을 전제하고 그렇다면 다음과 같은 문제가 제기된다. 4. 그럼에도 불구하고 어째서 사실상(?) 유효한 법이 무엇이냐

> 올바름의 판단기준으로서 이러한 의제들의 불충분성

법률의 의사와 입법자의 의사라는 양 견해에서 이곳에서는 특히 다음과 같은 것이 관심사가 된다. 양 관점은 비록 해석과 결정을 "자명하게 동일한 것"으로 간주하면서도 해석의 올바름만을 문제 삼을 뿐 결정의 올바름은 문제 삼지 않는다. 양 관점은 양자를 해석하고자 한다. 즉 양 관점은 법규범의 내용과 범위를 발견하고자 한다. 양 관점에 반대하여 최근 몇 년의 비판은 중요한 것은 오직 이러한 발견뿐이며 올바른 해석과 올바른 결정이 동일하다는 것을 시인한다 하더라도 양 관점은 그러한 발견을 할 수 없다는 데 대한 증거를 제시하기 위하여 노력하였다. 그러나 바로 그러한 것은 이곳에서는 의문시되어야 할 것이다. 유효한 것으로 간주되는 법률의 내용은 법관이 그것을 적용함으로써 현실이 되었다. 그 기능은 다른 영역에서는 다른 기능이 될 것이며, 그렇다면 또한 사실상 추상적으로 효력을 가지는 법률내용은 구체적인 사례와 관련을 맺음으로써 금방 다른 법률내용이 될 것이다. 사람들은 원하는 대로 생각하는 것을 생각한다. (오직 추상적 내용에만 신경을 쓰고 추상적 내용을 탐구하기 위해서만 구체적 사례를 이용하는) 해석의 올바름과 구체적 결정의 올바름이 동일한 것으로 선언되는 순간 어떻든 현실 생활과는 무관하게 추상적으로 유효한 법문과 개개의 경우에 대한 구체적 적용을 결합시키는 일은 실패하게 된다. 그러므로 입법기관의

라는 문제에 대하여 법감정이 "아무것도 만들어 낼 수 없어야" 하는가? 그리고
5. 사실상 유효한 법이란 바로 "입법자의 법창조 의도"를 내용으로 하는 것이 아닌가?

의사이론은 이러한 매우 일반적인 전제에 따라 다음과 같은 것이 검토되어야 한다. 실제로 올바른 해석과 올바른 결정은 동일한 것인가 여부, 아마도 해석의 올바름은 결정의 올바름의 전제이기는 하지만 그것에서 끝나지 않고 우리가 어떤 결정이 올바르다고 하기 전에 다른 동기가 첨가되어야 하는 것은 아닌가 여부 그리고 더 나아가서 해석은 그 자체 영역이 있고 도대체가 더 이상 결정의 올바름에 대한 일반적 전제로 간주할 수 있는 것이 없을 정도로 해석의 위치는 변화되는 것이 아닌가 여부.

세 명의 저명한 학자가 입법자의 의사와 특히 입법자료의 권위를 거부하였다.[8] 그들은 그렇게 함으로써 "지배적 견해"는 법률의 "객관적 사고내용"을 권위 있는 것으로 선언하고 입법자의 의사란 단어를 기피하고 있다는 것에 도달하였다.[9] 그 대신 사람들은 "법률의 의사"를 이야기한다. 물론 전적으로 불분명한 "의사"란 개념의 극복, 즉 설명은 "입법자"란 유령에 대한 화려한 비판과 마찬가지로 부득이한 것일지도 모른다. 사람들은 입법자로부터 해방되었다. 그러나 "의사", 즉 더

---

8) Binding, Handbuch I, S. 471f. Wach, Handbuch des Z.P.R. I, S. 254ff.와 Kohler, bei Grünhut 1886, XIII, S. 1ff. 이들에게서는 그때까지의 완전한 참고문헌이 발견되므로, Kraus, bei Grünhut 32, S. 614ff.와 마찬가지로 법적 안정성(다음 장 참조)을 고려할 것을 주장하는 Thibaut, Theorie der logischen Auslegung des römischen Rechts, Altona 1806와 이미 자주 인용된 Schloßmann, Irrtum über wesentlichen Eigenschaften, Jena 1903, § 7만이 특히 더 소개될 필요가 있다.
9) 그러나 자료들을 지속적으로 인용하고 법률텍스트에 대한 그들의 관계에 대한 커다란 불확정성을 실무로부터 만들어 내기 위해서는 빈딩, 바하 그리고 콜러의 인상적인 의사표현 자체로 충분하지 않다.

나쁜 유령10)은 지속되었다. 예나 지금이나 사람들은 그것이 법률의 진정한 의사라고 단언함으로써 해석의 결과를 뒷받침한다. 또한 사람들은 법률의 "목적"을 이야기하였고 목적을 이렇게 객관화함으로써 이성적인 인간이 문제시되는 법률로써 추구할지도 모르는 목적만이 중요하다고 말하고자 할 수 있게 되었다. 그렇다면 법관의 결정의 올바름에 관한 이론을 개인적 의사표현의 해석과 서로 연관시키는 것도 가능하고11) 그와 더불어 법적용의 기초로서 "법률의 의사"이론이 쓸모없다는 것이 이미 증명되었다. 바로 "입법자의 의사"이론과 마찬가지로 그 결과로서 이성적인 입법자를 구성하게 된다. 만일 "의사" 일반의 권한이 아직도 전혀 명확하지 않다면 사람들이 자기의 논증에 "의심의 여지없는 입법자의 의사"란 도장을 찍든 "의심의 여지없는 법률의 의사"란 도장을 찍든 그것은 실로 중요하지 않다. 사람들은 법관이 올바르게 결정해야 하는 경우에 그것에 법관이 복종했던 명

---

10) 베이컨 *Bacon de Verulam*은 "입법자의 의사"를 '시장의 우상'(idolum fori)과 '극장의 우상'(idolum theatri) 및 '공상적 대치'(suppositio phantastica)를 결합시킨 것으로 표현하였을지도 모른다(Mauthner, Wörterbuch der Philosophie, München 1910, S. 75ff.는 'idolum'(우상)을 "Gespenst"(유령)으로 번역하였다. 따라서 본문과 같은 표현을 하였다. 바톨디 *Bartoldy*는 마이몬 *S. Maimon*이 각주에서 간과한 번역, Berlin 1793, "선입견"을 이야기하고 있다. 그것은 사실상 별난 창조물이다. 끊임없이 선을 의욕하는(Reichsgericht, ziv. S., Bd. 67, S. 70), 항상 가장 중요한 것을 생각해온(R.G. 67, S. 66, 68, S. 329) 의사가 믿을 수 없게 가능한 한 간단명료하게 표현되어(R.G. 73, S. 137) "조직적인 목적을 추구하여" 그것도 극도로 영향력이 풍부한 "의지박약인 인격"과 같이 행동하게 되는 것(Kulemann in der D. J. Z/ 1911, S. 570 - 그러한 마술에 걸린 동물이 누구에게 도움이 ⋯.

11) 특히 Danz, Die Auslegung der Rechtsgeschäfte, 3. Aufl., Jena 1911.

령을 탐구하였고 사람들은 다만 인정된 해석의 결과를 마치 그것이 법률(그리고 그럼으로써 사람들이 대부분 가정하듯이 명령)인 것처럼 취급한다는 인식에 대하여 눈을 감았다. 사람들은 법적용을 판단하기 위하여 결정적인 의사를 탐구하였다. 이 낯선, 특정의 방법으로 발견되는 의사는 그것에 법관이 구속되어 있는 것이어야 할 것이다. 그리고 결정은 이러한 의사의 특수한 경우이다. 올바른 결정은 "진정한 의사"이다. 진정한 의사는 명령하며, 법관은 그에 복종한다. 그렇게 법률과 법관은 대립되었다. 그와 동시에 공무원인 법관의 헌법상의 지위와 법관의 활동을 그러한 종류의 관계라는 관점에서 파악하는 것도 올바를 수 있다. 그러나 법적용을 위한 가치척도에 대한 질문, 법관의 결정을 위한 판단기준에 대한 질문이 제기되는 순간 사정은 최소한 개념적으로는 분리되어야 하는 전혀 다른 범주에서 관찰된다. 대부분 내용적으로 일치된다 하더라도 법관은 공무원으로서 개인적으로 어떤 의무를 부담하는가라는 문제와 어떤 법관의 결정이 법적으로 올바른가라는 문제를 구별하기 위하여 바로 법률가는 다양한 방법상의 노련함과 추상화능력을 가지게 될 것이다. 이러한 두 개의 질문은 물론 올바르게 결정하라는 그러한 명령이 올바름의 판단기준을 전제할지도 모르나 포함하지는 않을지도 모른다는 사실에 의하여 동일한 것으로 되지는 않는다. 이제 다음과 같이 대답된다. 법률 자체는 명령이고 명령을 포함한다. 그렇지만 첫째로 법문의 "명령적 성격"은 결코 자명한 것이 아니다. 둘째로 결정의 올바름이 명령에 근거한다면, 중요한 것은 (예컨대 국민이 아닌) 법관에 대한 명령이어야 할 것이다. 그렇다면 이러한 명령은 어떤 방향이어야 하는가? 분명히 다음과 같은 방향이어야 할 것이다. 법관은 법률에 규정되어 있는 대로 결정하여야 한다. 그러나 올바르게 결정한다는 것은 최소한 다음과 같은 두 가지 작업, 우선은 올바른 법률을 판단대상인 구성요건과 결합시키는 일, 다음으로는 법률에 있는 것을 (법률에 규정되어 있지 않은 경우를 전혀 언급하지 않고) 올바르게 파악하는 일을 내용으로 한다. 의심스러운 경우에 명령 자체의 내용으로부터 두 개의 작업이 규정에 따라 행해진다는 것이 어떻게 분명해져야 하는가? 그러나 법률에는 그 명백한 내용 이상이 것이 들어 있지 않다.

자유법운동의 대답 지배적 견해에 따르면 법관은 자신의 행동의 각 단계에서 명령에 복종하여야 하며, 대부분의 경우 법관은 명령의 내용을 스스로 확정하여야 한다. 이러한 확정의 판단, 이러한 확정의 올바름에 대한 질문이 - 그 내용이 비로소 이러한 확정에 의하여 발견되어야 할 - 명령 자체로부터 대답되지 않는다는 것은 어디서부터 오는 필연적 결과인가. 법관에게 미해결인 "의사"는 항상 해석의 성과로부터 정당화될 수 없는 해석의 결과이다. (결과의 실무적 유용성은 어쨌든 권위 있는 명령의 내용으로부터 도출되는 정당화가 아니다.) 모든 해석행위는 "입법자"가 녹자적으로 장조하는 종합행위이며, 확장해석 또는 축소해석, 유추 또는 "반대해석"이 문제될 수 있다. 입법자는 구성되는 것이지 재구성되는 것이 아니다. 하나의 체계를 창조하는 법률가는 오래된 생각을 변형하고 새로운 생각을 도입한다. 사람들은 그것이 언제나 일반인이 일종의 "특수화", 하나의 재료를 새로운 형상으로 처리하는 일로 부를지도 모르는 과정이었다는 것을 이해하기 위하여 위대한 철학자일 필요는 없다. "해석은 설명적, 확대적, 축소적 그리고 변경적 해석일 수 있으며, 새로운 법명제를 만들어낸다. 만일 사람들이, 새로운 법명제가 법률의 단어 속에 이미 포함되어 있었기 때문에, 이러한 사실을 부정한다면, 사람들은 다음과 같은 점을, 즉 학리해석은 새로운 법문이 법률 속에 그렇게 포함되어 있지 다르게 포함되어 있지 않다는 것을 강조해 왔다는 점을 간과하는 것이다."(퇼 Thöl[12])) 그렇다면

---

[12]) 푸흐타 *Puchta*(Pandekten § 16)에 반대하여 법학은 수용적(受容的)인 것이 아니라 필연적으로 창조적인 것이라는 것을 강조하고 있는 a. a. O. S. 144. 이제 그가 학문으로부터 "법원"(法源)을 만들어 내는 오류를 범하였다는 것은 그것에 따라 결정이 평가되는 모든 것이 법률이어야 한다는 것을 가정한 결과이다. 그리고 그러한 오류는 나중에 다시, 즉 법관이 법률 이외의 다른 "법원"으로부터도 법을 인식한다는 것을 근거로 법관을 법창조기관으로 만드는 견해를 비평하면서 다루게 될 오류이다. 그에 반하여 Sternberg, Allg. Rechtsl. 1904 § 12(S. 138)가 "해석과 입법 간에는 실질적인 차이가 존재하지 않는다"라는 명제를 주장하는 경우 그에 대하여는 이의가 없다. 이곳에서 중요한 것은 법적용에 있어 논리적 과정이지, 법관이 형식적으로 유효한 법을 창조하는가 여부와 일관된 실무가 어쩌면 관습법을 만들어 내는가 여부가 아니다. 그와 동시에 다음과 같은 점이 강조된다. 모든 결정과 함께 법률은 새로운 내용을 가지게 되기 때문에 "법률에의 구속"이나 "합법률성"은 어떤 결정의 올바름을 판단하는 데 적합한 기준이 아니다. 이곳에서 언급되어야 하는 것은 (Binding, Hanbuch I, S. 456에 반대하고 있는) Schloßmann, a. a. O. ,S. 34의 다음과 같은 명제이다. "사람들이 법률을 의당 어떻게 해석하고 적용하여야 하는가를 질문하는 경우 나에게는 ὕστερον πρότερον 가 제출되어 있는 것으로 생각된다. 그와 동시에 이미 사람들은 법률을 한편으로는 법률문서의 존재와 법률문서에 힘을 부여

어떻게 "법률의 의사"가 원칙을 제공할 수 있고 "합법률성"이 올바름의 판단기준일 수 있겠는가? 법률의 의사이론을 진지하게 계속 생각하는 시도를 하는 자만이 금방 난점들과 풀 수 없는 수수께끼들, 무가치한 의제들과 가정들의 그물망 속에는 "법률의 의사"만을 우선하는 것, 법률의 의사의 단순한 자명성은 즉시 그 가치를 상실하게 되는 것이 연루되어 있음을 알게 된다. 요컨대 이러한 의사는 모든 이성적인 사람들이 법률의 문언으로부터 끌어내는 것과 더 이상 일치하는 것이 아니라 복잡한

하는 헌법규범의 존재의 결과로서, 다른 한편으로는 그것들에 의하여 심리적으로 영향을 받는 인간들의 정신적 성향의 존재의 결과로서 법생활에서 실현되는 모든 것으로 이해한다." 그러나 그것은 오해일 것이며, 이 논문은 '효력을 가지는'(wirksam) 법과 '일반적으로 인정되는'(geltend) 법을 대비시키기 때문에 "법사회학적"(Kantorowicz, Verhandlungen des Ersten Deutschen Soziologentages, Tübingen 1911, S. 276f.) 논문이고자 한다. 그리고 이곳에서는 특히 심리학적 사실들을 평가하면서 결정의 올바름을 판단하는 기준의 불충분성이 입증되어야 하는 반면 "합법률성이론"의 내적 논리적 모순덩어리는 합법률성이론에게 불리하게 작용한다. (법사회학적 연구는 원래 문제들을 내포하고 있다는 것은 되풀이될 것이다) Stammler, Die Lehre von dem richtigen Rechte, Berlin 1902, S. 4가 다음과 같이 생각한다면, 그것은 법실무와 같은 실천적 법이론을 오인하는 것이자 오래된 해석학에 대한 신앙고백인 것이다. "그것들(기술적 법이론의 설명들)은 이미 존재하고 있는 그리고 의사내용이 있기 때문에 이곳에서 해석되는 의사내용의 재생으로서 항상 제한된다." 또는 S. 607: "사람들이 출발점으로 삼은 상황에서 볼 때에만 사람들이 매우 많은 경우에 법적 규정들과 제도들의 진정한(?) 의미를 신뢰할 수 있게 확정할 수 있다는 것은 의심의 여지가 없다. 그에 따르면 법제사는 제정된 법이 의욕했던 바를 이해하기 위하여 사용할 수 있는 수단이다." S. 313/4는 "정법(올바른 법, 正法)을 실무에 적용하는 것을 "제정된 법의 진정한 의사가 그에게(법관에게) 부여한 것"에 종속시키고 있다. "특별한 문제에서 그것이 특정 법률의 진정한 의도와 일치하는지 여부에 대하여는 의심과 다툼이 있을 수 있다는 것은 매우 개연성이 있다" 등등. Theorie der Rechtswissenschaft, Halle 1911, S. 340f., S. 358f.도 같은 취지이다.

작업과정을 통하여 매개되는 것이고, 그렇다면 이제부터 법률의 문언에는 어떤 의미가 부여되는가라는 질문이 제기된다. 그럼에도 불구하고 법률의 문언은 어떠한 경우에도 전적으로 무시될 수 있는 것은 아니기 때문이다. 법률의 문언은 그 내부에서 결정이 진행되는 경계를 제시하는가? 그렇다면 법률의 문언은 해석이라는 선박이 정박하는 호수를 둘러싸고 있는 육지인가? 또는 법률의 문언은 단지 출발점, 그 무한한 영역이 해석자에게 자유롭게 개방되어 있는 바다 한가운데 떠있는 섬에 지나지 않는가? 또는 사람들은 법률문언을 각(角)의 변(邊)처럼 연장되어야 할 두 개의 갑(岬)으로 간주해야 하며, 그와 동시에 해석에 있어 문제가 되는 것은 오직 갑의 연장에 의하여 측정되는 영역 내에 머물러야만 하는 것인가? 그러나 이 모든 것은 중요하고 수긍이 가는 문제들이며, "법률의 의사"라는 표현은 이 문제들이 어떻게 대답되어질 수 있는가 라는 데 대하여 결코 허약한 출발점을 발견하게 하지 않는다. 그러나 더 나아가서 의사매개의 어느 시점이 표준적인가, 법률이 18세기에 가졌던 "객관적 사고내용"인가 아니면 법률이 100년이 지난 후에도 효력을 가지고 있다면 법률이 이제부터 가지는 객관적 사고내용인가? 민법전의 수많은 규정들의 "이성적인 의미"는 20년 후에는 오늘날과는 다른 것이 될 것이다. "그러한 의사가 존재하기 때문에" 변함없이 적용되는 이러한 의사는 이제 어디에 존재하는가? 포섭되는 고정되어 있는 내용은 어디에 있는가? 여러 번 언급된 그 속에서 법률이 성립된 "역사적 환경"13)은 무엇을 의미하는가? "입법자의 계획의 고향'(예링)은 무엇을 의미하는가? 사람들은 이 모든 것에 대한 대답을 "법률의 의사'로부터 어떻게 이끌어내야 하는가? 종종 다음과 같이 이야기되었다. 우리의 이론이 시대의 발전에 적합하게 되는 것, "의사'가 살아 있는 유기체이기도 한 법처럼 성장하고 발전한다는 것이 바로 우리 이론의 장점이다. 매우 훌륭한 이야기이다. 다만 고려하지 않으면 안 되는 것은 사람들이 "살아 있는 유기체"에 포섭당할 수 없다는 것, 법률의 명백한 내용에 대한 다양한 의사형성의 관계에 대한 모든 진술이 결여되어 있다는 것, 다음과 같은 모순, 즉 법적용을 수행하는 것을 규정하는 의사는 법적용의 특유한 분비물이며, 결국 "유기체"14)라는 단어로써 명확해지는 것은 아

---

13) Puchta, Pandekten, (7) 1853, S. 27(그는 이를 "논리적 해석"에 속하는 것으로 간주한다). Stölzel, Staatliches und staatsloses Ausland, Berlin 1919은 형법 제4조를 그 성립사로부터 상세하게 해석하고 S. 64/5 Anm. I에서 다음과 같이 말하고 있다. "성립사를 검토함으로써 모든 다른 해석은 학문적으로 견지될 수 없다는 일반적인 확신이 증명되기를 바란다." 그와 함께 슈퇼첼 *Stölzel*의 결론이 의심되지 않으면서도 논거가 채택되기 전에 유력한 논거가 확정되어 있어야 한다는 명제에 대한 반대가 진술되어야 한다. Kohler, Grünhut 23, S. 234에 있어서 다양한 요소들의 요약: 법률의 문언만이 권위를 가진다. 그러나 법률의 문언은 사고과정, 성립 시, 새 시대의 맥락과 정신에 따라 해석되어야 한다. 또한 "법률정책적" 고려도 해석수단이다. 또한 Entsch. des Reichsgerichts in Zivilsachen, Bd. 54, S. 382와 Jhering, Geist des Röm. Rechts (5), II. 2, S. 463f.도 참조.

14) 비록 이미 오래전부터 그 불확정성에 대하여 불만이 있기는 하지만 이 표현은 계속적으로 이해할만하게 호평을 받고 있다. (또한 이 단어를 사용하는 데 대한 사비니와 에링의 반대에 대해서노. Leist, Dogmatische Analyse, 1854, S. 123, Pfersche, Methodik der Privatrechtswissenschaft, 1881, S. 39/40, Jung, Logische Geschlossenheit, 1900, S. 140, Anm. 1 참조. 그리고 사회과학에서 심리학에 그 표현을 사용하는 데 대해서는 특히 Schäffle, Leory-Beaulieu, Revue des deux

무엇도 없다는 것이 해결되지 않은 채 남아 있게 되는 것이다.

"법률의 의사"를 결정하는 것의 올바름에 대한 매우 적합하지 않은 판단기준을 밝히는 것이 문제되었다. 그러나 그와 동시에 예컨대 유효한 (즉 유효한 것이어야 할) 법질서와 경험적 법질서는 대립하지 않았고, 의당 법률이어야 할 것에 대하여 이제 실무에서 사실상 법률인 것은 어떤 역할이 부여되지 않았다. 오히려 다음과 같은 것이, 즉 구체적인 사례를 결정하는 데 사용되는 법재료와 사용되는 것 자체의 제 규칙은 동일한 것이 아니며, 실무를 평가할 수 있기 위해서는 다른 효력이 첨가되어야 한다는 것이 증명되어야 했다. (그와 동시에 실무와 법이론이 현저하게 구별되는 것은 분명해질 것이다.) 유효한 규범과 그 규범의 체계적 관련의 범위와 내용을 이론적으로 연구하는 데는 법률이 연구 자체를 통해서 비로소 그 내용을 얻는다는 것은 중요

---

mondes, 1888, S. 920과 Gumplowicz, Grundriß der Soziologie (2), 1905, S. 23의 과격한 언사들 참조). 물론 그림이 없다면 어떠한 설명도 불가능하며, "상징적-자연과학적" 관찰방법(Kuntze, Der Wendepunkt in der Rechtswissenschaft, 1856, S. 66f.은 그렇게 말하고 있다)은 유용할 수 있다. 그러나 결정적인 점에서 불분명하고 막연한 유추를 참조하라고 지시하는 것은 문제를 해결하는 대신 모호하게 하는 것이다. 그것이 원칙적인 진보에서 거의 달성한 바가 없다는 것은 사회학자 셰플레 *Schäffle*의 저술에서 입증되었다. 예컨대 "법의 자가이식 성형술", "법의 자동부분", 법의 "엔텔레케이아" 등과 같은 유기체에 관한 철학적 이론이 적용되는 것이 법학을 위하여 "성과 있는 것"으로 되면 또는 누군가가 법과 사회의 발전을 위하여 예컨대 정신물리학적 병행론에 대한 생각과 철학자들이 그에 관하여 이야기한 것을 평가하는 데 학문적 업적이 있는 것으로 보게 되면 비판적 객관성이 얼마만큼 가능하게 될지는 전혀 예측되지 않는다.

하지 않을 것이다. 그렇게 발견된 입법자는, 비록 그가 해석의 산물이라 하더라도, 여전히 법관일 수 있다. 왜냐하면 법률가의 해석은 모든 학문적 활동과 마찬가지로 그 고유한 입증될 수 없는 전제들을 자체 내에 포함하고 있고 계속 반복해서 그것에로 돌아가기 때문이다. 또한 이미 언급된 가정적 관찰의 의미와 정당성에 대한 바힝거 Vahinger의 설명은, 그것이 해석의 결과는 실제의 의사가 아니라 해석의 결과가 실제의 의사인 것처럼 관찰될 뿐이라는 항변의 근거를 뒤집기 때문에, 이곳에서 다시 중요하게 된다. (이러한 이의는 이곳에서도 주장된 것이 아니라 이러한 의제의 무가치성이 증명되었을 뿐이다.) 그러나 실무의 방법을 위해서는 사물이 달리 보인다. 실무의 방법을 위해서는 실무가 사람들이 실무의 "입법자"로 간주할 수 있는 것을 스스로 처음으로 만들어 낸다는 사정은 어쨌든 실무는 실무에 이질적인 그 무엇, 외부로부터 실무에 부과된 그 무엇 그리고 실무에 종속적인 것을 더 이상 원용할 수 없고 이러한 입법자를 원용할 수 있다는 방법론적 의미를 가진다. 이러한 구성 자체의 결함과 불충분성을 전적으로 도외시한다면, 말과 말의 표현 그리고 (그 자체 다시 명료하지 않게 구성된) "목적"으로부터, "역사적 환경"과 "현재의 정신"으로부터 (달 속에 산다고 믿어지는) 계남(桂男)처럼 "입법자"는 "구성"되고 그리고 그렇게 함으로써 달성되는 것은 실무가 거래의 요구에 더 잘 적응될 수 있다는 것뿐이다. 그러나 이러한 장점은 전혀 "법률의 의사"이론이 의도한 바가 아니다. 그 이론은 법관을 구속하고 법률에서 확정된 내용을 지시하고자 한다. 그리고 그에 대하여 다음과 같은 것이 입증되었다. 즉 사람들이 그러한 구속을 더 이상 단순히 법관의 국(헌)법상의 지위를 규정하기 위한 것이 아니라 결정의 내용적 올바름에 대한 판단기준으로서 사용한다면, 그러한 구속이 법생활의 사실과 결합될 수 있는 가능성에 대하여 전적으로 침묵하는 것은 논리적으로 불가능하다.[15]

올바른 법관의 결정을 발견하려는 목표와는 무관하게 오늘날의 해석방법은 법관의 공무원지위로부터의 추론, 따라서 전적으로 이질적인 요소로부터의 추론과 결합하여 신학적, 어문학적 그리고 역사적 해석방법[16]을 혼동하는 데서 생성되었다. 그리고 오늘날의 해석방법은 체계가 아니라(기원이 그런 경우 체계는 매우 어렵다), 어느 정도의 개연성을 가지고 그러한 관찰을 실제로 믿을 수 있는 관례로 발전되었다. 결정의 "합법률성"에 관한 이론은 "합법률성"의 판단기준을 주장할

올바른 포섭과 올바른 결정의 혼동

---

15) 라이스트 *W. Leist*(über die dogmatische Analyse römischer Rechtsinstitute, Jena 1854, S. 28)는 리히텐베르크 *Lichtenberg*의 재치 넘치는 착상을 매우 훌륭하게 다음과 같이 법학에 적용하였다. "만일 인류가 지구에서 절멸하여 새롭게 형성된 인종이 그 자리를 대신한다면 그리고 그 인종에게 이전 시대의 여성의상 밖에 남아 있지 않다면 이 새로운 인종은 인간의 여성체형에 관한 생각에 대하여 어떤 태도를 취하게 될까? 우리는 웃으면서 넓은 피복으로부터 피복을 두른 체형을 공부하려는 것이 전혀 상상되지도 않는 것을 이해하게 된다. 그리고 그렇다면 우리는 법학공부에서 어떻게 하겠는가?" 그러나 라이스트는 유효한 법과는 반대로 경험적 법에 대하여 언급하고 있다. 따라서 이곳에서는 법사회학이 작용하고 있는 것이다.

16) 신학적 해석과 법학적 해석의 역사적 연관에 대해서는 Stintzing, Geschichte der Deutschen Rechtswissenschaft, I. Abt., S. 88ff. 예컨대 또한 Lamprecht, Anmalen für Naturphilos. I., S. 444도 참조.

수 있기 위하여 이러한 해석이론을 답습하였다. 그러나 "합법률성"의 판단기준 자체는 다음과 같은 결과에 이른다. 결정은 그것이 (상대적으로) 확정된 규범내용 하에 포섭될 수 있으면 올바르다. 포섭될 수 있는 결정은 올바른 결정이며, 포섭가능성은 (미안하지만) 바로 판단척도이다. 이제 사람들은 법적용을 위하여 법감정의 효력과 거래상의 필요성으로부터 분명해진 실무적인 난점들을 모른 체하는 것이 결국 불가능하게 되었다. 물론 사람들은 그러한 난점들을 또한 아마도 부정하였다. 그래서 브린츠 Brinz[17]는 그 사실을 재치 있게 다음과 같이 표현하였다. "더 이상의 법원(法源)에 대한 열망은 선험적으로 정당화되지 않았다 … 저자가 가지는 진공혐기(眞空嫌忌, 충전현상 充塡現象, horror vacui)를 법 자신은 저자 앞에서 가졌다." 그러나 브린츠 자신은 그와 관련하여 솔직하게 다음과 같이 진술하고 있다. "물론 그것은 명제에 대한 명제이다. 그러나 성서(聖書)가 무신론자에게 무슨 도움이 되겠는가?" 실제로 성서는 아무런 도움이 되지 않는다. 문제는 존재한다. 문제를 부정한다고 해서 문제가 풀린 것은 아니다. 마찬가지로 사람들이 그 속에서 실무가 실정법과 편차를 보이거나 실정법을 넘어서는 사례들을 예외적인 경우라고 선언한다고 해서 문제가 풀리는 것은 아니다.[18] 왜냐하면 그 물음에 대해

---

17) Krit. Vierteljahrsschrift 15, S. 162. 그에 대하여는 치텔만 *Zittelmann*의 저서 Lücken im Recht, 1903에 있는 재치가 풍부한 설명. 브린츠의 인용에서 언급되고 있는 저자는 아디케스 *F. Adickes*(zur Lehre von den Rechtsquellen, 1872)이다.
18) Schloßmann, Der Vertrag, Leipzig, 1876, S. 180. "학문적인 도그마는 '학문적 교

서는 다음과 같은 솔직한 대답이 주어져야하기 때문이다. 그러한 예외적인 경우들이 합법률적이지 않기 때문에 그러한 예외적인 경우들은 올바른 결정인가 아니면 잘못된 것인가 그리고 전체 실무가 법관을 지지하고 있고 책임을 지우는 것이 단지 실무상으로 불가능하다 하더라도 법관은 책임을 지는 것인가? 사람들은 이러한 명확한 질문에 대하여 보통 다음과 같이 대답한다. 도대체 그러한 결정들은 불법이다. 그리고 이제 대부분의 경우 사실이 가지는 힘에 대한 논쟁, 우리는 올바름의 판단기준으로서 합법률성을 포기한다는 논쟁이 따른다.

결정의 "합법률성"에 관한 생각이 수백 년 이래 심정에 대하여 가지고 있는 힘의 경우에 포섭가능성을 구출하기 위하여 이제 "법률"을 더 광범위하게 파악하는 것이 수긍이 가게 되었다. 다음과 같은 점은 자명한 것으로 생각된다. 법률에 포섭하는 것이 올바른 결과를 가져오지 않는다면 잘못의 원인은 아마도 법률에 있는 것일 것이고 법률은 올바른 결과가 나올 수 있도록 개정되어야 한다. 이와 같은 것이 자유법운동의 지배적 생각이다. 자유로운, "초실정적인", 도덕적 가치판단이나 "문화규범"으로부터 이끌어낸 그 어떤 법을 "실정"

의가 침해됨과 동시에 그것이 그 직무를 파괴하기 때문에'(simul cum in aliquo vitiatum est, perdit officium suum) 일반적으로 인정되는 법원에 관한 이론을 전복하기 위해서는 법률이 의도적으로 무시하고 있는 하나의 사례만으로 충분하다." Jhering, Scherz und Ernst (10), 1909, S. 325은 그에 대하여 야유를 보내고 단 한 사람의 법관이 법률을 어지럽히는 것은 불가능하다고 생각한다. 이는 일반적으로 인정되는 규범과 실효성을 가진 규범을 혼동하고 있는 전형적인 경우이며, 이러한 혼동에서 슐로쓰만 *Schloßmann*도 자유롭지는 않다.

법과 병렬시켜 법률적 결정을 전통적 방법보다 더 광범위한 것으로 이해함으로써 자유법운동은 형식적으로 합법률성의 판단기준을 유지하고 또한 법률의 내용을 확장시키려고 했으나 그렇게 함으로써 원하는 성과를 가져오지 못한 전통적 해석이론과 똑같은 궤도에서 움직이고 있다. 그러나 "합법률성"이란 개념에서 "법률"이란 개념을 그렇게 내용적으로 확장시킴으로써 사람들은 올바른 결정, 법률에 포섭가능성이란 식별기준에서 모든 가치를 박탈한다. 만일 제국법원이[19] 법률을 "법률이 결함이 있음에도 불구하고" 동시에 법률을 "가능하면 시민적 거래가 법률에 배치하는 요청에" 적응시키려고 한다면 이러한 노력에는 하나의 판결의 올바름에 대한 두 가지 판단기준, 즉 바로 제국법원의 말 속에서 그 이질성이 인정되고 있는 "합법률성"과 거래의 필요성에 대한 적합성이 숨어 있다. 그럼에도 불구하고 합법률성이 유일한 판단기준으로 주장된다면 "합법률성"은 공허한 동어반복, 모든 사실적인 실효성을 가지는 판단기준들의 총괄로 될 것이고 그렇다면 모든 것이 합법률성을 정당화하는 데 달려 있게 된다. 법의 이념으로부터 규범을 구성하려는 노력들, 하나의 "문화이상"으로부터 그러한 규범을 도출하는 것, "사물의 본성"에 대한 (물론 오늘날에는 더 이상 인기가 없는) 지시 또는 거래생활의 필요성,[20] 이 모

---

19) Entscheidungen in Ziv.-Sachen. Bd. 20, S. 325.
20) 다른 사람들은 건전한 법적 분별과 건전한 오성을 참조라고 지시하고 겸손하게 적극적인 권한부여와 위임에 대하여 질문을 받으면 그것들은 질문자에게 "외적" 규율은 바보들에게만 봉사하여 "바보들을 바보들의 생각에서 자유롭게

든 것은 그것에 포섭될 수 있는 규범을 제공하는 관점과 그것에서 법관의 결정이 정당화되는[21] 현존하는 규범에 (상대적으로) 확실한 내용[22]을 부여하는 관점을 항상 지향하고 있다. 결정의 올바름이 문제시되는 경우 물론 중요한 것은 규범적 관찰이다. 그러나 그로부터 사람들이 한편으로는 법적 결과와 구성요건을 추상적으로 배치하여야 하고 다른 한편으로는 구체적 결정을 배치하여야 하며 후자가 전자를 결여하고 있다는 것이 결과되지는 않는다. 결코 그러한 이른바 정태적인 관계가 존재할 필요는 없다. 더 설명되는 과정에서 판단척도로서 다른 법관이 (경험적 유형으로서) 그러한 결정을 내렸을 것을 가정할 수 있을 결정은 올바르다는 것이 분명해지면 판단척도는 또한 규범적 관찰이나 그럼에도 불구하고 그러한 관찰은 한편에는 "법률"을 다

한다. 그러나 바보들은 전혀 해석하지 않는 것이 더 좋을 것이다"라는 것을 의미하게 됨으로써 소송관계를 왜곡한다. Puchta, Vorlesungen über das heutige römische Recht, herausgegeben von Rudorff, 5. Aufl., 1862) - 이는 마치 사람들이 자신들의 불명료한 감정을 원용함으로써 자신들의 뛰어난 정신을 입증할 수 있다고 가정하는 것과 같다.

21) 또한 노이캄프 *Neukamp*도 "Methode der Lückenausfüllung im Recht" D.J.Z. 1912, S. 44f.에서 근본적인 문제를 자유법운동이 그 대답인 것으로 보는 것으로 생각한다. 더 나아가서 Sternberg, Einführung in die Rechtswissenschaft, Leipzig 1912 I, S. 135.

22) 법관과 구체적 결정을 위하여 결정적인 내용은 확실한 내용이다. 그러므로 그 내용이 시간이 흐름에 따라 변한다는 것, 확실한 내용을 가진 자연법은 존재할 수 없다는 것은 논쟁의 대상이 되지 않는다. 이곳에서 중요한 것은 법과 법내용의 발전이 아니라 단지 그 속에서 법관이 결정을 내리게 되는 동기가 문제시될 뿐이다. 결정을 위하여 법관에게 제공된 내용은 보다 확실하고 상대적으로 보다 확정된 내용이다.

른 한편에는 구체적 결정을 배치하지 않을 것이고 이제 포섭가능성이 문제되지도 않을 것이다. 결정의 "합법률성"에 관한 이론들은, 비록 오늘날 개별적으로 그 기술을 배척한다 하더라도, 여전히 전적으로 오래된 해석방법의 영역 내에서 활동하고 있다. 그렇기 때문에 그들에게 해석, 즉 법률내용의 확정과 법률내용에 포섭은 단하나의 가능한 법적 방법이자 단하나의 가능한 규범적 관찰방법이다. 그러한 이론들은 여타의 규범적 관찰들이(예컨대 윤리학이) 법학과 마찬가지로 규범적으로 형성되도록 신경을 쓰기만 하면 되었다. 그러므로 결정의 올바름을 판단할 다른 척도를 발견할 가능성은 오늘날 사정이 그러하듯이 모든 명확한 내용이 결여되어 있고 "사람들이 그것에서 보고자 하는 모든 것을 유사하게 보는" "합법률성"으로 나타난다면, 그리고 이 새로운 척도가 "합법률성"보다 그 과제를 더 훌륭하게 완수한다면, 법적 관찰방법의 규범적 성격이라는 이유에서 이 새로운 판단척도를 거부할 이유는 존재하지 않는다. 법관이 더 이상 "적법하게" 결정하지 않아도 되기 때문에 이제 법관은 그가 의욕하는 것을 할 수 있을지도 모른다고 걱정을 하는 것은 아마도 대수롭지 않은 오해일 것이다. 법률은 법관에게 원칙으로 남게 된다. 개인은 법률을 무시해서는 안 된다. 이미 충분히 증명된 바와 같이 "적법하다"는 개념은 실무에서 행해진 결정의 올바름에 대한 법실무에 특수한 판단기준을 제시하는 데 충분하지 않다. 그러므로 다른 판단기준이 탐색되어야 한다.

법관의 결정의 "합법률성"이란 단어에는 헤아리기 어

려운 증명되지 않은 전제, 가정 그리고 의제 덩어리가 숨겨져 있다. 그러한 전제, 가정 그리고 의제는 거래의 요청에 더 많이 상응하는 판결을 가능하게 할 정도로 실무적인 가치를 가졌었다는 것은 의심의 여지가 없다. 왜냐하면 법실무 또한 "결코 망상 없이는 성공하지 않는" 일에 속하기 때문이다. 그러나 학문적 방법론은 의제를 의식하고 의제의 유용성을 심사하여야 할 것이다. 의제가 법률에 대한 법적용의 진정한 관계를 은폐하고 그릇된 명제(법률에의 구속)를 잘못 연관시키는 것 이상의 다른 일을 하지 않는다는 것이 밝혀지면 그러한 의제는 거부되어야 한다. 그 속에서 그(와 다른 사람)에게 아무것도 확언하지 않고 그가 법률로부터 그에게 확언하는 결정을 발견할 때까지 구성되는 결정이 발견되는 법률을 적용하여야 하는 자는 그것을 법률의 "진정한 의사"라고 부른다. 법실무가 달리한다면 법실무에 도움을 구하는 것은 가련한 일일 것이다. 사람들은 "진정한 의사"란 바로 의제의 내용이라는 것을 분명히 알아야 한다. 우리는 우리의 구성과 그 결과를 마치 그것이 법률의 의사이기라도 한 것처럼 관찰한다. 그러나 사람들은 오늘날 그것을 그렇게 생각하지 않는다. "진정한" 의사란 보다 소심한 교조주의자들이 법률을 읽고 알아내는 것 이상으로 보다 고차원적 의미에서 올바른 것이다. 그러나 그렇게 되면 궤변(Sophisma)이 명백하다. 그렇게 되면 사람들은 다음과 같이 논증한다. 결정이 법률의 의사와 일치하면 결정은 올바른 것으로 간주된다. 그리고 사람들이 분명하게 법률의 명백한 내용과 일치하지 않는 많은 결정들을 올바르지 않은 것으로 간주하는 것이 불가능하다는 것은 명백하다. 해결책은 그것이 외관에 지나지 않는다는 것이다. 그 이유는 그러한 결정들 또한 진정한 의사와 일치하는 것이기 때문이다. 그러한 논증은 세 가지 방법론적으로도 내용적으로도 철저하게 상이한 그러나 동일한 단어로 표현된 사물들(법률의 의사는 1. 법관에 대한 명령이고, 2. 법률의 객관적 사고내용이며, 3. "진정한"이란 말로써 표현되는 올바른 법률의 내용이다)을 혼동하여 그 논리적 권위와 그 인식가치를 사람들은 언제나 첫사랑에게 돌아간다 라는 명제의 차원에 두고 있다. 그러나 사람들이 세 번째 사랑에게 돌아가게 되면 그것은 또한 첫사랑인 것이다. 요사이에는 점점 더 자주 다음과 같이 표현되고 있다. 법관은 마치 입법자가 결정하였으리라고 생각되는 대로 결정하여야 한다. 그것은 실제로 훌륭한 발견적 의제이다. 그러나 다음과 같은 것이 간과되어서는 안 된다. 그 의제는 결정의 올바름의 판단척도로서 "합법률성"을 포기했다는 사실을 은폐하고 있다. 왜냐하면 법관은 입법자가 결정하였으리라고 생각되는 것처럼 결정하지 않기 때문이다.

법관은 황제(법률로부터 해방된 자, legibus solutus)가 되어서는 안 된다. 그러나 "합법률성"보다 더 유용한 판단척도가 탐색되어야 한다. 법실무에 특수한 올바름의 판단척도는 법실무 자체를 관찰함으로써만 분명해질 수 있다.23) 그러한 방법론적 자율성에 대하여 총체적인 법

---

23) 다음과 같은 것을 다시 되풀이하여둘 필요가 있다. 문제는 법실무가 어떻게 법창조에 참여하는가라는 문제가 아니다. 실무가 법창조를 돕는다는 것은 하나의

적 불안정이 엄습하리라는 걱정은 근거 없다는 것이 명백해질 것이다. "합법률성"에 대한 지배적 견해가 법적 명확성의 그림자에도 이를 수 없다는 것은 오래전에 입증되었다.24) 그러나 다행스럽게도 실무의 방법은 실무가 자신의 방법이라고 간주하는 것보다 더 훌륭하다.

> 사실이다. 특정 법문(法文)을 실무에서 적용하는 것 자체는 특별한, 즉 "정상적으로 생각하는 인간이 이 명제가 장기간 사실상 지배하는 것을 관찰하고 이러한 사실상의 지배가 앞으로도 더 장기간 지속될 것을 기대하게 되면 이러한 생각은 법질서로 통용된다는 심리학적 현상에 소급되는" 심리학적 의미 - 이에 대해서는 논의가 계속 진행되는 과정에서 자주 돌아올 것이다 - 를 가진다는 것 또한 사실이다. Zitelmann, Gewohnheitsrecht und Irrtum im Arch. f. d. ziv. Praxis, 66, S. 459이 그러하다. 법의 성립을 지배하는 심리학적 법칙들과 사회학적 법칙들은 이러한 법을 적용함에 있어 계속하여 효력을 가진다는 것은 쉽게 인식될 수 있다. 그러므로 그러한 이론들은 법실무를 그러한 방향으로 이해하는 데 중요하다. (굼플로비치 *Gumpliwicz*의 사회학적 생각들과 경향을 같이하여 일련의 적절한 생각을 예리하게 지적하고 있는 흥미로운 Lazarsfeld, Das Problem der Jurisprudenz, Wien 1908 참조. 법률에서는 진정한 법적 분쟁을 해결하기 위한 결정을 발견할 수 없다는 것이 진정한 법적 분쟁의 본질에 속한다.) 판결은 법률로부터가 아니라 사회적 권력이나 정의로부터 나온다는 명제는 사회학적 이론을 포함하고 있으며 법적 올바름이 아닌 판단의 성립을 인과론적으로 설명하고 있다. 이러한 맥락에서 주목할 가치가 있는 것은 관습법에 있어서의 의사론에 반대하는 Zittelmann, a. a. O., S. 373의 다음과 같은 논거이다. "또한 입법권은 다른 방법으로, 예컨대 종종 힘 있는 인물 측에서 독단적인 강탈에 의하여 성립되어 왔다."

24) 심지어 Stampe, Unsere Rechts- und Begriffsbildung, Greifswald 1907, S. 37는 다음과 같이 말하고 있다. "만일 그러한 수단으로 법이 보완된다면 누구도 자신의 권리를 믿을 수 없다." "합법률성" 이외에 결정의 올바름을 판단할 다른 척도가 없다면 그것이 옳을 수도 있다. Rabel, Rhein. Z. f. Ziv.- u. Proz.-Recht III., S. 468은 급부불능의 문제에 관한 뒤링거-하켄부르크 *Düringer-Hachenburg*의 주석서의 견해에 대하여 다음과 같이 말하고 있다. "그것은 자유로운 법이어야 하겠는가? 그것은 거의 법의 보호 밖에 추방된 법일 것이다." (그와 함께 어떻게 "합법률성"과 법적 확정성이 동일한 것으로 간주되고 합법성과 법적 안정성이 전혀 동일한 것이 아니라는 데 대한 단 하나의 예만이 존재하여야 할 것이다.)

제3장

법적 확정성의 요청

제3장

법적 확정성의 요청[1]

최근 몇 년 동안에 법률은 어떻게 그 규정으로써 대부분 내용적으로 새로운 것을 전혀 가져오지 않는가 그 (경제적·도덕적) 내용에 대한 법의 관계

---

[1] 앞 장(章)과 이 장을 연결함에 있어 융 *Jung*의 널리 알려진 논문 Positives Recht, Gießen 1907, S. 45, Anm. 1로부터 다음과 같은 아주 중요하고 여태껏 거의 주목되지 않은 문장을 인용할 필요가 있을 것이다. "… 성문의 경우에도 사람들이 준수는 명령되었고 법관은 지시에 구속되고 있지 않다고 말할 수 있을지는 진정 의심스럽다. 그러므로 구속은 상대가 기대할 수 있는 행위로부터의 이탈이 상대에게 손해를 입힌 것으로 생각된다는 것에 기초하고 있다. 왜냐하면 이 사회는 그러한 행위를 이제까지 관찰해 왔거나 또는 일반적으로 그러한 관찰에 찬성을 표명해 왔기 때문이다. 그리고 그와 더불어 실정법은 그것이 가질 수 있는 가장 확실한 효력의 근거, 즉 '정법'(正法)과 법 일반과 동일한 것을 가지게 된다." 융이 이 논문의 더 이상의 결과에 동의할지 여부를 나는 모른다. 그러나 이 논문의 중요한 관점은 융의 문장 속에 명확하게 표현되었다. 또한 Sternberg, Einführung in die Rechtswissenschaft I. Bd., Leipzig 1912(Allgemeine Rechtslehre I. Bd., 1904의 새로운 판)도 이곳에서 특히 강조될 필요가 있다. 새로운 판은 이 논문이 완전히 집필된 후에 비로소 출판되었다. 각주에서 슈테른베르크 *Sternberg*의 책의 중요성을 가끔 언급한 것이 적합하지 않을 수도 있기 때문에 이곳에서는 그 밖에 다음과 같은 것을 강조해 둔다. 슈테른베르크는 학문(체계 wissenschaftlich)적인 종속법과 비학문(비체계 wissenschaftslos)적인 종속법에 대하여 중요한 구별을 하고 있다(§ 12). 그와 동시에 특히 이하의 (이 주석을 통하여 비로소 전적으로 이해되는) 본문의 설명에서 상대적으로 중요하지 않은 내용을 가진 법규정들의 전형적 예로 언급되는 규정들이 종속법에 속한다. 차이는 이 논문이 이러한 규정들(특히 기간과 수(數)에 대한 규정들)에서 체계적인 법 또는 매우 중요한 법과 대조될 수도 있는 그 무엇을 보지 않는다는 차이이다. 오히려 이 논문의 견해에 따르면 이러한 규정들에는 그러한 추상적인 규정에 대하여 규정의 내용이 중요하지 않은 추상적 규정의 요소가 눈에 띤다. 그러나 이 요소는 이 연구의 경우 모든 법적 규정의 본질적인 구성부분이다 (똑같은 이야기가 콜러 *Kohler*의 "훈령적"인(instruktionell) 법에도 해당된다).

가 종종 상술되었다. 법률은 현행 생활질서와 거래관행에 의지하여 시대와 민족의 도덕관, 문화이념들을 활용한다. 입법기관은, 그 기관의 활동의 내용이 문제되는 한, 생산적 성격보다는 오히려 배열하고 수집하는 성격을 더 많이 가진다. 왜냐하면 "법률은 한 민족의 일반정신, 윤리 및 관습을 형성하는 원칙들과 상관적인 관계"(rapport, que les lois ont avec les principes qui forment l'esprit général, les moeurs et les manières d'une nation)2)에 있기 때문이다.

그러한 종류의 숙고는, 그것이 협의로 법학과 관련되는 한, 2중의 의미를 가진다. 우선, 그로부터 다음과 같은 법률기술적이고 법률정책적인 명제를 도출해낼 수 있다. 즉 입법자는 정부의 기본방침과 대립되는 관계에 있지 않기 때문에 민족정신을 따르는 것은 입법자의 임무이다(c'est au législateur à suivre l'esprit de la nation, lors qu'il n'est pas contraire aux principes du gouvernement).3) 다음으로, 그러한 종류의 숙고는 법률의 해석과 연관된다. 그러나 이곳에서는 어디에서 전통적 해석이론이 자유법운동과 일맥상통하는가가 문제되는 것으로 생각된다. "법률의 의사"가 밝혀져야 한다면 그러한 종류의 사실은 그러한 문제에 대하여 매우 커다란 중요성을 가지는 것으로 생각될 수도 있다. 만일 법률이 민족의 세계관이나 거래의 합목적성의 고려로부터 그 내용을 취하였다면 민족의 세계관이나 거래의 합목적성의 고려는 말하자면 함께 법

---

2) Montesquieu, Esprit des Loix, Amsterdam 1758, T. II. Livre XIX 장(章)제목.
3) Montesquieu, a. a. O. art. V. T. III. Livre 29 art. XV. 그는 "사물의 본질에 반하는 것"(de choquer la nature des choses)을 경계하라고 말한다.

률의 의사 속으로 유입하여 법률의 의사와 함께 결정적인 것으로 되어 법률은 의심스러운 경우에는 거래적 합성, (지배적 가치판단의 의미에서) 올바름 등을 의욕할 것이라는 가정이 분명해질 것이다.

그러나 법률의 내용적 성립의 관찰을 자세하게 설명하기 위해서는 이러한 언급들은 법률들의 한 부분에 대해서만 그리고 또한 한 법률 내에서도 한 부분에만 타당하다. 다른 부분들에 대해서는 그 소재가 그러한 법률외적 요소들에 이질적이기 때문이든(예컨대 시효기간) 그것이 특히 그러한 요소들의 불확정성이 대답을 불허하기 때문이든(예컨대 개별적인 범죄에서 법률상의 형량) 모든 내용적 확정성이 결여되어 있다. 이러한 사례들은 법생활의 중요한 현상, 즉 중요한 것은 규정 일반이지 규정의 방법이 아니라는 사실을 알기 쉽게 해 준다. 전적으로 희소한 예외를 도외시한다면 모든 법률은 일반인이 아마도 우연적인 것으로 표현할지도 모를 그런 요소를 포함하고 있다. 어느 정도까지는 도대체 어떤 법률은 어떤 특정의 내용을 가진 법률이라는 것은 언제나 필수적이다. 화물차는 우회전하여야 한다고 규정하고 있는 경찰법규가 그러한 내용적으로 "우연적인" 규정의 매우 순수한 전형을 보여주고 있는지도 모른다. 우회전하거나 좌회전하는 것은 사실 중요하지 않다. 중요한 것은 다만 사람들이 어느 쪽으로 회전하여야 하는가를 알고 사람들이 일반적으로 우회전하리라는 것을 신뢰할 수 있는 것이다. 아마도 또는 추정컨대 이곳에서도 경찰법규는 오래전부터 존재하는 교통관행

내용적으로 중립적인 법규범들

을 단지 인가하였을 뿐이다. 그러나 그 내용에 따르면 관행 자체는 우측으로 도는 것이 더 유익하고 더 도덕적이며 더 정의롭다는 고려에 근거하기보다는 오히려 도대체가 결정되지 않으면 안 된다는 사실에 전적으로 근거하고 있다. 그러므로 사비니 Savigny[4]가 말하고 있듯이 본질상 "상대적으로 중요하지 않은" 수많은 결정들이 있다. 또한 법감정이나 분배적 정의를 전혀 고려하지 않는 내용을 가지고 아마도 우연한 메커니즘에 그 선택이 위임된 법규정들도 그러하다. 그리고 우연하다는 말은 유효한 조건들 간의 관계에 대한 인식, 따라서 인과적 설명이 불가능하다는 의미에서 사용되었다. 그러한 내용적 자의(恣意)의 요소는 모든 법에 내포되어 있다. 그리고 회전하는 것과 관련하여 저 경찰법규에서 시작하여 민법과 특히 수많은 소송법의 형식적 규정들을 거쳐 도덕관과 전적으로 일치해서 구성요건에 중형을 결부시키는 형법에 이르는 하나의 선(線)을 생각해볼 수 있다. 그러나 또한 마지막 사례에서도 형벌의 테두리를 확정함에 있어 자의의 요소가 나타난다. 징역형의 최대치는 5년이라는 것을 사람들은 쉽게 내용적으로 정당화할 수 없을 것이다. 저 관계의 극단적인 반대를 사람들은 살인에 대한 사형에서 탐지할 수 있을지도 모른다. 왜냐하면 이 절대형에는 최소한 일부 법동료들의 법의식이 오해의 여

---

[4] 사비니가 또한 일련의 예들, 특히 숫자에 대한 규정을 포함하고 있는 법문들을 들고 있는 System I, S. 36. 또한 Thöl, a. a. O., S. 137 및 Handelsrecht I, S.46; Jhering, Geist (5) I, S. 51ff.; Zitelmann, Lücken im Recht, S. 29; Örtmann, Geseteszwang und Richterfreiheit, 1909, S. 19도 참조.

지가 없을 정도로 표현되어 있어서 이곳에서는 결정의 내용적 확정성에 대하여 결정 자체의 추상적 의미는 전적으로 주목할 만한 것이 아닌 것으로 생각된다. 그러나 또한 그것도 아직은 저 선(線)의 극점(極點)은 아니다. 왜냐하면 (물론 규범의 법적 발효와는 구별되는) 결정되어 있음의 추상적 의미는 이곳에서도 지속되고 있기 때문이다.

사람들이 순수한 '확정되어 있음'(Festgestelltsein)의 이러한 의미, '결정되어 있음'(Entschiedensein)의 의미에서 출발한다면, 관찰을 위해서 법관의 결정과 관련하여 내가 아는 한 헤겔5)에 의해서만 특별한 주목을 받은

법적 확정성의 요청

---

5) Grundlinien der Philosophie des Rechts, Berlin 1821, S. 214. "어떤 경범죄에 대해서 40대를 칠지 아니면 40대에서 1대를 빼고 칠지 여부, 5탈러 또는 4탈러 23그로셴 등의 벌금형을 부과할지 여부는 이성적으로 결정될 수 없으며, 개념으로부터 유래하는 확정성을 적용하더라도 이성적으로 결정될 수 없다. 그리고 그럼에도 불구하고 한 대의 형벌도 너무 지나치고, 1탈러 또는 1그로셴, 1주 또는 1일의 감옥살이도 지나치게 과도하거나 지나치게 과소하다. 즉 정의롭지 못하다." - 이성은 우연성, 모순 그리고 외관이 그 영역과 권리를 가지나 **제한된** 영역과 권리를 가지는 것을 인정하고 동일한 모순들을 유사한 것과 정의로운 것으로 만들려고 노력하지 않는 것 자체이다. 이곳에서는 오직 실현의 이해관계, 그 이해관계가 어떤 방법으로 (경계 내에서) 그러한 것을 의욕하든 도대체 확정되고 결정되어 있을 이해관계만이 존재한다. 이와 같이 결정하는 것은 그 자체의 형식적 확정성, 추상적 주관성의 형식적 확정에 속한다. 그리고 추상적 주관성은 **저 경계 내에서** 결정되도록 중단하고 확정하는 것을 지키는 것이 허용되거나 어떻게 하면 **사사오입한 수**가 40에서 1을 뺀 것을 포함하게 되는지 하는 그러한 규정의 근거를 지키는 것이 허용될 뿐이다." 본문의 설명과 헤겔의 이러한 상이가 가지는 근본적인 차이는 전자가 (물론 헤겔에 의해서도 법적 제재나 결정의 확정력과 혼동되지 않는) "그 자체의 형식적 확정성"을 법규범이나 결정에 대한 일종의 자유나 최저 기준 정량으로, 법과 어떻든 "비이성적으로" 관계되어 있고 영역적으로 생각하는 한계를 가지는 그 무엇으로 관찰하

법질서의 기능이 전면에 부각된다. 법은 도대체가 규정한다는 데에 그 의미가 있다는 쪽에서 관찰된다. 확정적인 방법으로 공포되는 성문의 실정법은 이러한 관점에서 볼 때 법률의 전형이며, 실제로 오늘날 그러한 법률이 전형적으로 법률로 표현된다는 상황은 이러한 관점이 법률생활에서 매우 권위 있는 관점으로 받아들여진다는 것을 증명한다. 특정의 "원천"에서 기원하는 규정의 내용과 관련해서 "우연적인 것"으로 명명되는 추상적 규정의 동기는, 비록 관습법적으로 법이 형성됨으로써 국민의 법감정과 일치하는 법률이 성립될 개연성이 매우 크다는 것을 부인하지 않는다 하더라도, 성문법률에 커다란 사실상의 우위를 부여하고 있다는 점이다. 심지어 사람들은 관습법에 대하여 성문법이 가지는 법적 확정성의 이러한 장점 때문에 주로 관습법이 성문법으로 이행한다고 본다.6) 그러므로 법관에게는 정의(正義)가 직접적으로 표준적인 것은 아니다.7) 법관이 관계하는 것은 어쨌든

지 않고, 개념적 관찰을 위해서 고립될 수 있고 방법적 연구의 출발점으로 삼을 수 있는 모든 법적 결정의 요소이자 성분으로 보는 차이이다.

6) L. Seuffert, Über richterliches Ermessen, Akad. Festschrift, Gießen 1880, S. 9("관습법에 내재하는 법관의 재량의 자유"); Bülow, Gesetz und Richteramt, Leipzig 1885, S. 18; Ehrlich, Lücken im Recht, in Burians Jur. Bl. 1888, S. 449; Schloßmann, Irrtum, S. 38. S. 40에서 다음과 같은 중요한 발언을 발견할 수 있다. 원래는 집정관도 자유로웠으나 그 후에 하드리아누스 *Hadrian* 황제 치하에서 지속적인 법률이 된 '1년짜리 법률'(lex annua)을 공포함으로써 스스로 구속되었다는 사실을 기억하여야 한다. 또한 Sternberg, Allgem. Rechtsl. 1904 I, S. 139, 수석도 참조.

7) 개별적인 관계들에 있어서 사람들은 실정법에 대한 정의의 관계를 지점(至點)에 따른 시간규정과 중부 유럽 표준시의 시간 규정과 비슷한 것으로 보아도 될 것이다.

간접적으로 들은 정의, 즉 변형된 그 무엇이며, 법관은 그저 법률에 확실하게 포섭하거나 민법 제826조를 연결시켜 실무가 처음으로 발전시킨 부작위소송을 판결하는 것이다. 항상 법관과 정의 사이에는 법관에게 빈틈없는 척도를 위임하기 위하여 정의라는 재료를 다른 물질의 상태로 변화시키는 제3의 권력이 개재한다. 물론 "정의로워야" 하는 것은 입법자와 법관이 지향하여야 하는 바이다. 그러나 (특히 구체적 사례의) 본질적 정의와 일상생활에서 본질적 정의를 실현하는 것 사이에는 법질서에 본질적인 법적 확정성이라는 요청이 개재하며, 사람들이 법적 확정성의 요청을 정의의 요청으로 주장할 수 있기 때문에 법적 확정성의 요청은 정의를 증거로 끌어냄으로써 자신의 우위를 입증한다.[8] 이러한 상황에서 법관의 법감정이 아직도 그렇게 강렬하다면 법관은 명확한 법률의 문언을 쉽게 무시하지 않는다는 것은 납득이 간다. 만일 법률 자체가 "거래위

---

[8] 그러므로 예컨대 브린츠 Brinz는 Krit. Vierteljahrsschr. 15, S. 162에서 아디케스 Adickes의 법원론에 관한 이론을 비평하면서 아디케스가 "선결정에 종속시키는 것을 정의의 요청으로 평가하고 그렇게 함으로써 모든 것이 동일한 척도로써 평가된다"라고 하는 점에서 아디케스를 옳다고 한다. 아디케스, a. a. O., S. 54/55는 다음과 같이 말하였다. "이미 한 번 결정된 점에 대한 판결은 다시금 동일한 결정을 포함한다"는 것은 법관의 판결의 정의에 속한다. 그러고 나서 그는 Thöl, a. a. O., § 54과 마찬가지로 결정이유에 대해서 선결례가 가지는 의미를 참조하라고 지시한다. - Sohm, Kirchenrecht, S. 1/2. "법은 원칙적으로 형식(summun jus, summa injuria)에 근거하고 우선 형식에 근거하여야 한다. 왜냐하면 법은 그렇게 함으로써만 사람들보다 우위에 있는 … 결정에 이를 수 있기 때문이다." 또는 Reichel, Arch. f. Rechts- und Wirschaftsphil. III. S. 535. "법의 최고원칙"은 정의이나 "그 다음의 목표는 질서"이다(이로부터 라이헬 Reichel은 본문의 설명과는 전혀 다른 결론을 이끌어 낸다).

반'으로 생각된다 하더라도 명확한 법률을 그렇게 준수하지 않으면 거래를 위해서 위험이 발생한다는 점을 항상 고려할 것이다. 거래생활은 사람들이 명확한 법률을 더 이상 신뢰할 수 없는 데서 생겨나는 손실을 극복하기보다는 오히려 불편한 법률에 적응할 것이다. 이러한 모든 고려는 법률은 일차적으로 확정하고자 한다는 생각에서 출발한다. 법률이 무엇을 어떻게 확정하는가 하는 것은 2차적인 문제이다. 그렇게 표면적으로는 법질서의 "내용"을 부수적인 것으로 취급하는, 그러나 사실은 바로 법질서의 내용에 속하는 계기가 전면에 등장한다.9)

그 사실적인 중요성

---

9) 이러한 맥락에서 법감정을 지지하는 많은 사람들에게 전혀 납득이 되지 않는 것처럼 보이는 관습법에 관한 이론이 최소한 언급되어야 한다. 이 이론은 관습법의 판단기준을 관행의 법적합성에 관한 내적 확신이나 관습과 관련된 이러한 확신에서가 아니라 오직 계속적인 관행에서 본다. 그러한 관행은 요컨대 일의적(一義的)인 규정을 내포하고 있으며 법적 확정성의 욕구를 충족시킨다. - 이 각주에서 관습법에 관한 논문을 쓸 수 없다는 것은 자명하다. 따라서 본문의 상설과의 관계를 참조하라는 지시로 충분할 것이다. 왜냐하면 "외적으로 확정된 질서", "현존질서의 구성부분"(Regelsberger, Krit. Viertelj. IV., S. 345. Stahl, Philosophie des Rechts, (2) II. 1, S. 187f.) 등과 같은 표현이나 "관행은 공포다"(Vangerow, Pandekten(7), § 14, Anm. 2, 3)과 같은 생각은 내용적으로 법적 확정성에 대한 고려와 매우 밀접하게 관련되어 있다. - Zitelmann, Gewohnheitsrecht und Irrtum, Arch. f. d. civ. Praxis 66, S. 461은 이 문제를 결국 심리적 문제라고 공언한다. 법문으로서 어떤 문장을 실제의 관행으로 만드는 것은 바로 그 문장이 광범위하게 효력을 가진다는 생각을 불러일으킨다. 그와 더불어 그 문장은 심리적 과정을 통하여 관습법의 법적 효력을 정당화한다. 이는 마치 그 문장이 심리적으로는 특별존재로서 전체의사는 존재하지 않는다는 것을 참조하라고 지시함으로써 관습법에서 의사이론을 끝장낸 것과 같다(S. 370). 그러나 이 논문에서 법적 확정성이 가지는 심리적 의미는, 이미 언급하였듯이 **법창조**의 문제는 올바른 결정의 판단기준의 문제와는 다르다는 이유만으로도, 그것이 치텔만 *Zitelmann*의 상론에서 가지는 의미와는 다르다. 더 나아가서 Zitelmann, S. 419은 철학자의 "거대한 사변적 구성물"은 법의 성립에 관한 이

법학에 대하여 이러한 계기가 가지는 특별한 중요성은 정의의식이 강한 수많은 진지한 사람들이 전체 법학을 불충분하고 중요하지 않은 그 무엇으로 생각했던 이유이었을 수도 있다. 그러나 법학에 대하여 행해지는 비난들은 이미 키르히만 v. Kirchmann에 반대하여 슈탈 Stahl[10])이 진술하였듯이 법 자체에 적용된다.

론에 속하지 않는다고 말하고 있다. 마찬가지로 그는 (정당하게) 법적용의 방법으로부터 법의 성립에 관한 이론을 배제하려 할지도 모른다. 그 후 그는 다음과 같이 계속하고 있다. "이곳에서는 법에 대한 냉정한 관찰만이 있을 뿐이다." 확실히 그렇다. 그러나 그렇다면 그것은 심리적인 것이어야만 하는가? 치텔만은 사비니 Savigny와 푸흐타 Puchta에게 그들이 "형식적-법적 관찰과 실질적-철학적 관찰"을 혼동하고 있다는 것을 입증함으로써 그들의 관습법적 이론들을 적확하게 논박하였다(S. 428). 그러나 철학의 자리에 심리학을 끌어 들이는 것은 동일한 혼동을 포함한다. - 이에 대한 반대견해는 관습법에 관한 푸흐타의 대작(II)에서 발견된다. 또한 관습법에 관한 슈투름 A. Sturm의 연구들도, "100년간 불의가 행해졌다고 해서 그것이 1시간의 정의가 행해졌다는 것은 아니다"라는 속담에서 불명료하게 표현되어 있는 법문들의 내용을 특히 강력하게 강조하는 경우, 반대견해에 속한다.

10) 법학이냐 아니면 민족이냐? 키르히만 검사의 강연 '학문으로서 법학의 무가치성', Berlin 1848의 조명. "이 기회에 (그런데 Rumpf, Volk und Recht, Oldenburg o. J.가 생각하듯이 1847년이 아니라 "멋진 1848년"에 행해진, Landsberg, Gesch. der Rechtsw. III, 2, S. 317 참조) 이 강연이 이전에 받았던 평가(예컨대 노이캄프 Neukamp는 그의 Einleitung in eine Entwicklungsgeschichte des Rechts, Berlin 1895, S. 144는 "과장된 미사여구 늘어놓기 식 문체"에 대하여 이야기한다. 또는 Nußbaum in Wolfs Z. f. Sozialw.. IX., 1906, S. 3)은 Sternberg, J. H. v. Kirchmann und seine Kritik der Rechtswissenschaft, Berlin 1908에 의하여 아마도 극복되었다는 것을 언급해야 할 것 같다. - ("어떤 법학교수", 노이캄프가 치켜세운 [루도르프 Rudorff]로부터 법학에 관한 키르히만의 강연에 대한 익명의 논평과 레츠락 Retslag의 법학에 대한 "변호"이자 동시에 키르히만에 대한 답변은 다른 곳에서 역사적 관심 때문에 특히 중요성을 강조하지 않으면서 한번 인용되었다. 또한 슈탈 Stahl의 대답에 대한 누쓰바움 Nußbaum의 "훌륭하지만 부당하게 잊혀졌다"라는 판단도 아마 과장된 것이다. 이 강연이 가지는 커다란 역

또한 오해받기 쉬운 이른바 "형식론"(형식주의)11)에

사적 의미는 1856년에도 "마치 저 공격이 야기한 대단하고 일반적인 인상이 그에 대적하는 급작스러운 저항에 의하여 극복된 것처럼 보이는 것은 결코 아니다"라고 이야기하고 있는 쿤체 *Kuntze*(Wendepunkt der Rechtswissenschaft)의 흥미로운 논평으로부터 분명해진다.) - 이 논문은 법학이 "학문"인지 여부의 문제를 설명하고 있지 않다. 이 논문은 법이론과 법실무의 원칙적인 분리라는 주제와 관련하여 또한 2중의 문제를 제기하여야 할 것이다. 학문이론에서 법률적 활동의 지위는 중요하지만 풀리지 않은 문제이다. 그러나 (전문)용어를 둘러싸고 행해지는 많은 논쟁은 거의 유용한 사전작업을 제공하지 않는다. 그래서 Nußbaum, a. a. O., S. 10은 법학은 미적 효과를 발생시키려 하지 않는다라는 논거로써 "예술"을 분류하기를 거절한다. 예컨대 치텔만이 이러한 맥락에서 예술이란 단어를 사용하는 경우 그가 예술을 그와 동일한 그 무엇으로 이해하고 있다고 생각할 수는 없다. 예컨대 브린츠 *Brinz*(Rechtswissenschaft und Rechtsvergleichung, Augusburg 1877, S. 4)나 슐로쓰만 *Schloßmann*(Der Vertrag, Leipzig 1876, S. 189f.)이 **실무**로서의 '법학'(Jurisprudenz)을 예술로 부른다고 하더라도 그러한 오해는 실제로는 전혀 불가능하다.

11) 이러한 표현에서 형식은 특정된 내용(이곳에서는 실체적인 정의의 결과로 생기는)에 대한 반대로 사용된다; 사람들이 그렇게 부르는 것은 그 자체 내용이자 실체적인 그 무엇이다. 그래서 누군가는 법문들을 정의를 담는 그릇으로 간주하여 형식은 사라지나 질료는 남는다라는 명제를 진술할 수도 있을 것이다. 그러므로 그와 동시에 중요한 것은 대략 슈타믈러가 법을 경제생활의 한 형식으로 설명한 것과 유사한 것은 결코 아니다. Max Weber, Arch. f. Sozialw. N. F. 6, S. 142는 다음과 같은 논거로써 슈타믈러의 설명에 반대하였다. 법규칙은 그것이 의당 효력을 가지는 것으로 생각되었고 따라서 존재자의 형식이 아니며 그리고 경험적 법규칙은 존재자의 구성요소이기는 하나 그 형식은 아니라는 이 유만으로도 이미 사회생활의 "형식"일 수 없다. Stammler, Theorie der Rectswissenschaft, Halle 1911, S. ff.의 상론에 반대하여 Berolzheimer, Arch. f. Rechts- und Wirtschaftsphilosophie 1912, S. 319는 질료와 형식은 하나이며 사람들이 질료로부터 형식을 분리할 수 없다는 것을 주장한다. 그러나 이러한 이야기는 이론적 관찰에 적용되지 않는다. 형식과 질료의 구별을 시간적인 또는 공간적인 구별로 이해하는 데 대하여 깅억하게 항의하는 Stammler, a. a. O. 7ff.에 찬성하여 형식을 인식의 방법으로 이해하여야 한다; 형식은 슈타믈러에게 법적 사고의 형식이지 법적 질료의 공간적 부분이 아니다. 또한 베롤츠하이머 *Berolzheimer*가 질료를 슈타믈러가 내용으로 표현한 것으로 이해하는 것도 가능하

대한 논란도 때때로 다름 아닌 법실무를 방법적으로 연구하는 데 출발점으로 삼아야 할 법질서의 이러한 '특성'(specificum)에 대한 것이다. 이는 물론 법관이 의당 "형식론자"(이 표현방법에서 이 표현은 법적인 범주라기보다 오히려 성격학적 범주를 의미한다)가 되어야 한다는 것을 의미하는 것이 아니라, 사람들이 그 어떤 실체적 정의이상이나 내용적 합목적성으로부터 올바른 법관의 결정의 판단기준을 획득할 수도 있다는 것만은 의당 부정되어야 한다는 것을 의미한다.

만일 이곳에서 법률적 규정의 내용이 어느 정도까지는 중요하지 않다고 이야기한다면 그것은 또한 그 규정의 목적과 관련되는 규정의 내용에 대한 진술이기도 하다. 어떤 결정의 올바름을 묻는 물음에 대답하기 위해서는 실제로 유효한 명제를 출발점으로 삼아야 할 것이다. 그렇기 때문에 법생활 일반에 있어서 법적 확

다. 이로써 그의 이의는 제거된다. 왜냐하면 바로 슈타믈러가 형식과 내용을 대립시키는 불가능성을 강조하기 때문이다. - 슈타믈러의 기본개념인 "의욕"을 명확하게 확정하는 것은 불가능하고 그밖에도 명확성을 위한 그의 강력한 노력과는 반대로 슈타믈러가 바로 이 가망성이 없는 다의적이고 오해하기 쉬운 단어를 충분한 설명 없이 방치하기 때문에 슈타믈러가 특정의 이의를 제기하기는 어렵다. 예컨대 다음 문장은 무엇을 의미하는가. "그러므로 법학자의 구성적 판단은 결코 법학자에 의하여 통일적인 견해의 불가능성이 형식적으로 고려되는 특수한 법적 의욕 이외의 다른 결과에 도달할 수 없다."(S. 358) 만일 이곳에 경험적 주체의 관념내용이 의욕하는 내용이 존재한다면 신비주의적 관계가 없이는 법학자의 구성으로부터 이 내용이 편차를 보이는 것이 가능하지 않다는 것은 이해하기 어렵다. 그러나 "의욕" 자체가 다시금 구성, 그것도 언급된 "구성적 판단"과 같이 동일한 방법에 따라 수행된 구성이라면 결과의 동일성을 자랑할 필요는 없다. 이는 특정 숫자의 승법(乘法)에 의하여 성립된 적수(積數)는 이 숫자에 의하여 나눌 수 있다는 것을 의미할 것이다.

정성의 의미에 관한 상론이 필요불가결하다. 그러한 상론은 대략 다음과 같은 것을 의미하지는 않는다. 즉 사정에 따라서 입법자에게 내용은 중요하지 않고 법적 확정성만이 전부이며 따라서 또한 법관도 법적 확정성에 방향을 맞추어야 한다. 왜냐하면 이곳에서 찾고자 하는 것은 해석규칙도 아니고 법률의 명령과 목적에 구속되어 있는 법관을 지도적으로 규정해야 할 최고의 목적도 아니다. 오히려 증명되어야 하는 것은 법적 확정성의 원칙이 가지는 실천적 의미와 일반성이 이곳에서 법적 중요성의 원칙의 특성이라고 생각하는 방법적 중요성과 어울리지 않는 것이 아니라는 것이다.

그 방법적 의미

최근에 발간된 책[12]은 인상 깊게 시종일관 사회학적 관찰방법과 법학적 관찰방법의 차이, 인과적·설명적 관찰방법과 규범적 관찰방법의 차이를 강조하고 하나의 형식적 법개념의 구성에서 본질적인 목적동기를 사용하는 것은 "모든 방법적 오류 중 가장 명백한 오류"라는 점을 강조하였다. 이러한 상론에 대한 이 논문의 입장표명은 이 논문의 문제제기로부터 분명해진다. 법적용의 방법은 주제이지, 실정법의 학문적 가공이거나 법학적 개념들의 구성이 아니다. 그 결과 그 방법적 전제 또한 법률로부터 개념적으로 연역할 수 없는 모든 것을 무시하면서 그 본질상 실무의 방법과 전혀 관계가 없을 수 있는 실정법의 이론의 그것과는 다른 것이다. 그러므로 저 책의 견해에 대한 이의는 그 책이 법실무의 방법론의 중요한

---

12) Kelsen, Hauptprobleme der Staatsrechtslehre, entwickelt aus der Lehre vom Rechtssatz, Tübingen 1911. 본문에서 인용된 표현은 S. 457에 있다.

(그리고 현실적인) 문제들을 전혀 설명하려 하지 않고 그 문제들에 대하여 공개적으로 자신의 무능력을 표명하고 법관의 재량이나 그와 동일한 것의 문제에서 모든 법적 구성은 끝난다[13]고 말하는 것으로부터 도출되지 않는다. 법규범을 적용하는 방법은 법규범을 학문적으로 가공하는 방법이 아니다. 다음과 같은 이유 때문에, 즉 법률과 법관에 관한 거의 모든 불명확한 이론들은 금방 실무가 행하는 방법의 해석방법을 자신의 방법으로 강요하다가 금방 법창조적 사법(司法) 또는 사법의 "유사입법적 성격"(웅거 Unger)을 언급하여 그 결과 사람들이 모순과 이율배반을 지배하지 못하게 되는 것을 이상하게 여기지 않음으로써 입법, 해석 그리고 사법과 같은 개념들을 자의적(恣意的)으로 취급하기 때문에, 구별은 종종 충분히 반복될 수 없다. 비록 해석이 법적용 이전에 선행한다 하더라도 법적용은 입법과도 해석과도 동일하지 않다. "실무와 이론은 바로 작업

---

[13] a. a. O. S. 508(행정작용에서 자유재량): "자유재량이 법규범에 의하여 어떻게 규율될 수 있는가라는 문제는 유일하게 – 이미 문제제기 자체에서 충분히 표현되었듯이 – 법적 문제가 아니라 도덕적 또는 정치적 문제이다." 그와 동시에 사람들이 법질서의 정신으로부터 해석하는가 여부는 중요하지 않다. "왜냐하면 실정법이냐 자연법이냐 라는 딜레마에서 어떤 방법으로, 어떤 해석수단들로써 법원(法源)으로부터 법규범의 내용을 발견하느냐는 중요하지 않고 이러한 내용을 원칙적으로 실정법률로부터만 도출하는 것, 모든 법규범이 그 구체적 내용을 전적으로 그리고 오직 실정법률을 원용함으로써만 정당화하는 것이 중요하다. 이러한 형식적 판단기준이 또한 실증주의와 자연법 사이에 확실한 내용적 경계가 되는지 여부는 분명하지 않을 수 있다."(S. 510/11) "사법과 행정 사이에서 행정부 내부의 구별은 특수한 성격을 가지며 거의 의미가 없다."(S. 441, Anm. 1) – 법실무의 방법론적 연구는 지엽적으로 표현된 것으로서 이들 문장 속에서 본질적이다.

을 분배한 필수적인 결과로 구별된 것이기 때문에 실무와 이론을 전적으로 혼동하는 것은 전적으로 불가능하다." 법실무 특유의 방법의 불가결성은 라이스트 Leist14)의 이러한 이야기로부터 분명해진다. 그와 동시에 라이스트가 아마도 그렇게 했음직한 것처럼 분업을 역사적 산물로 생각하는 것은 전적으로 불필요하다. 법실무는 이미 그 개념상 정확한 의미에서 법학과는 다른 것이다. 후자는 완결된, 자체에서 모순 없는 규범체계를 추구한다. 법적용의 경우 모든 관심은 (논리적 그리고 심리학적으로) 그것을 해결하기 위하여 올바른 결정이 발견되어야 할 구체적인 개별사례에 집중된다. 학문적으로 법재료를 가공한 결과는 법적용에 있어서는 단지 수단일 뿐이다.

법이론에 대한 법실무의 자율성

법학은 종종 수학과 함께 분류되고 그 명확하고 확실한 개념 때문에 선망의 대상이 된다. 왜냐하면 법학 내에서는 말하자면 "현상이 시간적 순서에 따라서가 아니라 공간 내에서 전체의, 논리적 유기체의 요소로서 연구의 대상이 되기 때문이다."15) 실정법의 이론에 관한 이

---

14) Über die dogmatische Analyse römischer Rechtsinstitute, Jena 1854.
15) 여기저기서 매우 명확하게 법학의 규범적 관찰방법을 사회과학의 설명적-인과적 관찰방법과 비교하나(예컨대 S. 20f., 48f.) 예링이 그랬듯이 그러한 것 때문에 그가 법문을 명령으로 간주하고(S. 80) 법학 : 사회과학= 해부학 : 심리학이라는 평행선을 긋는 데 방해가 되지 않는(S. 81) Pachmann, Über die gegenwärtige Bewegung in der Rechtswissenschaft, Berlin 1882 (러시아에서 번역된 강연). 슈퇴르크 *Stoerk*(공법의 방법론에 관한 Grünhut XII. 1885, S. 175)는 파하만 *Pachmann*에 반대하여 그 결과는 "변증법적 공놀이"가 될 것이라고 진술한다. 그러나 (또한 Pfersche, Methodik der Privatrechtswissenschaft, Graz 1881에 대해서도 반대하는) 그의 논거는 실무로부터 인용된 것이다. 법의 제1 과제(제 생활현

러한 이상은 어쨌든 바로 법률가들 사이에서는 전혀 인정되고 있지 않다. 그런데 이러한 사실이 왜 비법률가들에게는 종종 아직까지도 자명한 것으로 취급되는지 하는 것은 또 다른 문제이다.16) 법실무의 방법을 위해서 조금이라도 그렇게 생각할 수도 있을 것이라고 생각하는 사람은 오늘날 더 이상 존재하지 않는다. 목적동기를 하나의 법개념에 끌어들이는 것은 개념을 "유동적인 밀랍 속에서 용해하는 것"17)이라는 이야기가 법이론을 위해서 유효할 수 있다면, 그것은 이곳에서는 사회과학만이 공부되어야 한다는 의미에서 결코 정반대가 법실무에 적용되어서는 안 되고 법실무는 자신의 특유한 방법과 특유한 올바름의 판단기준을 가진다는 것이다. 법실무는 법학에 의하여 형성된 개념들을 훌륭하다고 간주하는 한 그것들을 특수한 방법으로 사용한다. 해부학이나 그 밖의 의학분과를 의사의 실무활동과 비교하는 것보다 법이론과 법실무의 관계를 더

상의 객관적 척도로서 적용되어야 하는)는 법의 제2 과제의 조력을 받아야만 성취될 수 있기 때문에 "형식적 법과 사회적 법의 구별"은 "수행"될 수 없다(S. 178). (이 문장은 본문에서 이미 수행된 이론과 실무의 구별을 정당화 하는 것을 내용으로 한다). 최근에도 여전히 Binding, D. J. Z. 1911, S. 558/9은 그 문제에 대하여 다음과 같은 의견을 표명하고 있다. "법개념으로부터 그 법적 성격을 박탈하거나 법규범의 근거를 비법률적 기반에서 구하는 것"은 방법적 오류일 것이며, 그 때에는 특히 "애매모호한, 항상 그렇게 끈질기게 독재를 요구하는 국민경제적 관점"에 회귀하게 될 것이다.

16) "Ethik des reinen Willens"에서 한 코헨 *Cohen*의 상론은 H. Kantorowicz im Arch. f. sozialw. N. F. 13, S. 602/04에 의하여 거부되었다.

17) Preuß, Schmollers Jahrb. f. Ges. u. Verw. 1900, S. 369가 그러하다. Pachmann, a. a. O. S. 39에서는 "법학의 파괴"가 언급되고 있다.

오도하는 비교는 없다. 법이론은 실무가 법재료를 실무에서 사용할 수 있도록 보다 사용하기 쉽게 만듦으로써 실무의 의식적 하인 노릇을 하거나 그렇지 않으면 제 갈 길을 간다. 그 때에 법이론은 법실무가 수년간의 힘든 연구를 통하여 학문이 달성한 결과를 단순히 제 것으로 삼는다는 것을 승인하여야 한다. 그리고 그것은 법이론이 아마도 의학과 공유하는 운명이기는 하나, 그렇다고 해서 의학의 방법과 법학의 방법에 대한 더 이상의 비교는 정당화되지 않는다. 법실무에 특유한 올바름의 판단척도는 이제 법적 확정성의 요청으로부터 획득되어야 한다. 그러한 종류의 관점은 그 관점이 자체 내에서 모순이 없고 법실무의 모든 현상에 적용될 수 있다는 것을 통해서만 정당화될 수 있다. "합법률성" 자체가 그러한 판단척도로서 전혀 적합하지 않다는 것은 증명되었다. 그와 동시에 "합법률성"에 찬성하는 대부분의 논거는 법적 확정성을 고려하라는 취지이다. 법적 확정성의 요청으로부터 도출된 사고가 실제의 법생활에 거의 틈입하지 않는다는 것이 약술되어야 했다. 왜냐하면 이상적인 실무의 판단기준이 아니라 오늘날의 법실무를 판단하기 위한 기준이 탐색되며, 그것은 현대실무의 "수단에 대한 자아성찰"(마이어 Ed. Meyer)이다. 그 객체와 그 방법으로 인하여 실무에서 토착적인 원리를 이와 같이 탐색하는 것이 법학이다. (사람들이 그러한 탐색을 "학문"으로 분류할지 여부는 전문지식을 가진 자들이 결정할 것이다. 이 연구의 가치는 그러한 결정에 좌우되지 않는다.) 그러한 탐색은 인간의 활동 - 그 지도적(규범적 의미에서 지도적) 원리가 발견되어야 하는, 슈타믈러가 "이론적" 법이론이라 명명한 정신적 활동 - 이 그 객체라는 점을 통하여, 그러한 탐색은 법을 판단할 일반적인 척도를 탐색하는 것도 아니고 그렇다고 법적 사고의 순 형식적 사고를 탐색하는 것도 아니라 실무의 방법을 찾는다는 것을 통해서 기술적 법이론, 입법자료의 가공과 구별된다.

이곳에서 제안된 해결책이 가지는 차이를 반복하여 강조하는 것은 근본적 오해에 대한 아마도 근거 없는 걱정으로부터 설명될 수 있다. 낯선 견해를 오해할 능력이 토론을 그렇게 결정적으로 경감시키는 주제는 법학방법론이라는 주제를 제외하면 거의 존재하지 않는다. 이론과 실무를 통일적인 공동작업으로 연결하려는 노력에 대하여 사람들은 법이론과 법실무는 그 방법론에 따르면 매우 근본적인 차이가 있다는 것과 "세상물정에 어둡다"는 비난은 극히 '순환논법'(petitiones principii)에 가득찬 것이라는 것을 간과하였다. 법이론은 현행법에 대한 이론으로서 구체적인 구성요건의 수용과 관계가 없음은 물론 법적용에서 수행되는 구체적 사례를 법률에 포섭하는 것과도 관계가 없다는 것은 자명하다. 법이론에 의한 어떤 법문의 해석과 법관에 의한 그 법문의 해석[18]은, 법관은 구체적인 사례를 올바르게 결정하고자 의욕하여 법을 해석하고 법관이 해

---

[18] Binding, Handbuch I, S. 451/53은 이론적 해석과 실무적 해석을 구별한다. 후자는 생활과정을 현실적인 것으로 생각하고, 전자는 가정(假定)할 수 있는 것으로 생각한다. 그러나 빈딩 *Binding*은 이러한 비교를 더 이상 수행하지 않는다.

석하는 경우 적용하기 위해서만 해석한다는 점만으로도, 본질적으로 상이한 것이다. 그러므로 포섭은 양자의 활동에, 즉 법이론가의 활동은 물론 법관의 활동에 포함되어 있다. 왜냐하면 해석에 의하여 법률의 내용을 확대하는 것이 바로 법률에 포섭되는 구성요건이 증가하는 것을 의미하는 한 법이론가도 포섭하고 있기 때문이다. 그렇기 때문에 사람들은 "포섭원리"를 정의로운 규율 일반의 본질로 삼을 수 있고 "정의(正義)의 논리주의"19)를 이야기할 수 있다. 그렇지만 이론가의 포섭활동은 실무가의 포섭활동과는 다른 것이다. 실무가는 법개념을 가지고 작업하고, 그렇기 때문에 모든 사고활동에 있어서와 마찬가지로 그러한 작업에는 포섭이 존재한다. 법이론의 활동은 법률의 내용을 확정하는 것을 목표로 삼고 법이론 내에서 포섭하는 것에 포함되어 있는 것은 입법자의 포섭을 지향한다. 법이론은 스스로 사례를 가능하다고 여기고, 법이론이 현실생활로부터 모범을 보이는 경우 법이론은 실례로서 모범을 보이는 것이며, 이는 마치 법률기초 시 입법자에게 구체적인 사례가 "눈앞에 아른거리는 것"과 같다. 가능한 것으로 생각되는 무수한 사례들을 포섭하는 법률에 도달하기 위하여 입법자는 수

---

19) Gareis, Vom Begriff der Gerechtigkeit, Gießen 1907를 서평하는 기회에 가라이스 *Gareis*의 명제를 강조하고 있는 Sternberg im Arch. f. Rechts- und Wirtschaftsphilosophie II, S. 297. "정의의 규정은 사고법칙, '포섭원리'와의 직접적인 관련에 의하여 공리주의의 최하규정과 이웃사랑의 최고규정과 구별된다." 이러한 정의의 판단기준을 목표로 삼는 문장들을 인정하는 것은 결정의 올바름의 판단기준을 반대하는 것으로서 법률에 결정을 "포섭할 가능성"을 반대하는 것과 모순되지 않는다.

많은 현실적인 사례에서 출발한다. 법관은 항상 구체적인 사례하고만 관계한다.[20] 그러므로 비록 사람들이 법관은 자기 앞에 놓여 있는 사례가 가능한 것으로 생각되는 사례들 중의 하나인가 여부를 풀려고 노력하는 것 이상의 다른 것을 해서는 안 된다고 말한다고 하더라도, 법관의 방법은 학문적 해석의 방법과 동일한 것이 아니기 때문에, 사람들은 법관의 활동에 대해서 전적으로 특별한 방법을 인정하여야 할 것이다. 왜냐하면 법관은 그러한 사례가 구체적으로 존재한다는 것을 확인하는 반면에 학문적 해석은 가능한 것으로 생각되는 사례들을 열거하거나,[21] 증가 또는 감소시키기 때문이다. 비록 모든 결정에 의하여 학문적 해석이 "전거가 있을" 것이 요구된다 하더라도 사람들은 실무의 방법과 법이론의 방법을 동일시해서는 안 될 것이다. 왜냐하면 하나의 법률에 포섭할 수 있다는 것은 항상 사실일 뿐 결정이 아니기 때문이다. 이미 이러한 사실 속에 "포섭가능성"은 어떤 결정의 올바름의 판단기준으로 간주될 수 없다는 데 대한 논거가 있다. 사람들은 기껏해야 바로 그 결정은 올바른, 올바르게 포섭된 결정이

---

[20] Stölzel, Gruchot, 22, S. 286: "입법자의 관점에서 새로운 법적 사고를 표현하는 자의 정신적 활동과 법관이나 변호사의 관점에서 그에게 생활에서부터 일어나는 문제들을 저 법적 사고에 포섭하여야 하는 자의 정신적 활동"은 "바로 상반되는" 정신적 활동이다. - 어떻든 두 가지 활동은 매우 상이한 것이어서 두 가지 활동의 방법은 동일한 방법일 수 없다.
[21] Stammler, Theorie der Rechtswissenschaft, Halle 1911, S. 578: 형성된 법은 "현재 이미 현존하는 법문 내에서 장차 가능한 법적 사례들을 결정하는 것"을 목표로 한다.

라고 말해도 좋을 것이다. 그러나 이로써 문제는 포섭의 올바름에 있다는 것이 인정되었고 사람들은 그 이후의 포섭을 통해서 그것을 다시 확인할 수 없다. 이와 같은 것이 또한 "합법률성" 또는 아마도 동일한 것을 의미하는 "포섭가능성"을 올바른 결정의 판단기준으로 거부하고 이의가 더 적은 판단기준을 찾는 우리의 이유이기도 하였다. 법적 확정성에 관한 상론은 이의가 더 적은 판단기준을 찾는 목적에 기여하였다. 사람들이 법적 확정성을 요청으로 이해한다면 그렇게 함으로써 규범적 관찰방법이 주어진다. 법적 확정성의 요청이 가지는 실제의 의미에 대한 진술은 오늘날의 법실무의 의미와 올바름을 판단하는 법실무의 특별한 기준이라는 주제와의 관련을 창출하는 데 기여하였다. (예컨대 "정의"의 요청 이전에) 바로 이러한 요청의 선택은 그것이 모든 결정을 위하여 답을 줄 수 있다는 것을 통해서 정당화된다. 그리고 이는 특정의 방법으로 결정하기보다 일반적으로 결정하는 것이 더 중요한 모든 사례들에서 실질적 정의나 그 밖에 내용과 관련을 가지는 판단기준들이 할 수 없는 것이다.

<small>결정의 올바름에 대한 문제를 이한 방법적 출발점으로서의 법적 확정성의 요청</small>

단순히 규정한다는 사실이 가지는 풍부한 의미 자체를 정당화하려는 시도가 이제 종종 행해지고 있다. 사람들은 전체 법생활에 대해서 법적 안정성이 가지는 기본적인 의미를 언급하였다. 그러나 예컨대 벤담 Bentham[22]의 출

---

22) Works, herausgegeben von John Bowring, Edinburgh 1843, II. Bd. S. 299ff. 특히 S. 307과 311ff.(아주 아래에 있는 인용 참조). 1820년에 발간되고 가장 많이 인용되는 민법전의 제 원리(principles of the civil code)는 우연하게도 내가 이 글

발점과 논거를 이곳에서 개진된 출발점과 논거와 혼동한다면 그것은 오해일 것이다. 벤담은 다음과 같이 상술한다. 법적 안정성이 없다면 모든 것이 전쟁과 투쟁 속에서 사라질 것이고, 누구도 자신의 노동의 결실을 향유하지 못할 것이며, 그와 더불어 근면과 기업의욕이 사라질 것이고 분업에 기초를 둔 사회도 불가능하게 될 것이다. 심리학적으로 그러한 일은 모든 시민이 생활은 예전과 같이 계속해서 장래에도 그렇게 진행될 것을 그리고 변화는 변화를 통해서 무질서가 초래되지 않을 정도로 서서히만 수행될 것을 기대한다는 사실에 기초를 둔다. 이러한 기대, 즉 "exspectation"은 모든 법적 안정성의 기초이다. 따라서 입법자는 법률을 모든 이성적인 인간이 첫눈에 이해하고 배울 수 있도록 명확하게 작성하지 않으면 안 된다. 더 나아가서 해석은 법률을 모든 시민이 법률을 거침없이 이해하듯이 문자 그대로 이해하여야 한다. 명확한 단어의 의미를 넘어서는 모든 해석은 법적 안정성, 즉 어떤 분쟁이 발생했을 경우에 또한 정의 자체보다 우선되어야 하는 지선(至善, inestimable)에 대한 범죄이다. 벤담의 가장 커다란 관심사는 그가 사회생활에서 법이 가지는 일반적 의미

을 작성하면서 사용할 수 없었다.

가능한 한 많은 저자들의 무수한 그때그때의 의견들을 총괄하는 것은 무의미할 것이다. 그러한 의견들은 대부분 부수적으로 그리고 항상 그로부터 법실무를 판단하기 위한 방법적 원리를 획득하려는 의도 없이 표현된다. 일반적으로 사람들은 그와 동시에 심지어 "합법률성"의 원리를 지지하고자 하고 그 원리의 국민경제학적 의미를 증명하고자 하는데, 그러한 시도는 또한 벤담도 의욕하는 것이다.

와 입법의 의무에서 법적용을 추론하고 그에게 곧바로 민족의 문제로 나타나는23) 법률의 "수범자"와 실천적인 해석 사이의 관계를 강조하는 자명성이다. 법관의 활동은 입법자의 (국가정치적) 활동에 따라 판단된다. 벤담의 경우 이 말이 뜻하는 바는, 만일 누군가가 "입법자의 의사"는 법관에게 결정적인 것이라고 주장한다면, 그것이 오늘날 뜻하는 바와는 다르다. 그것은 단지 전적으로 동일한 올바름의 판단기준이 두 가지 활동에 적용된다는 것, 즉 입법자와 법관은 일반적 기대에, 즉 exspectation에 일치하여야 하고 그들의 활동은 예견할 수 있어야 한다는 것을 의미할 뿐이다. 그렇게 해서 벤담은, 오늘날 자주 주장되는, "유사입법"활동을 법관의 권한이라 간주하고 법관에게 그가 의심스러운 경우에는 입법자로서 생각하고 그가 구체적인 경우를 눈앞에 두고 있다면 입법자가 결정하리라고 생각되는 것처럼 결정할 것을 요구하는 견해처럼, 법관의 지위를 해결하기 위한 모순되는 결

---

23) Hegel, Grundlinien der Philosophie des Rechts, Berlin 1821, § 215: "폭군 디오니시우스 *Dionysius*가 그렇게 했듯이 법률을 매우 높게 매달아 어떤 시민도 법률을 읽을 수 없게 하는 것 – 또는 그러나 법률을 학자들의 서적, 총서, 결정과 다른 판결과 견해의 복잡한 장치 속에 – 관습 등등과 그 외에 외국어 속에 숨겨놓아 법률에 온 정신을 기울인 자들에게만 현행법의 지식을 접근할 수 있게 하는 것 – 은 전적으로 동일한 불법이다." – 민족성이냐 아니면 논리적 엄밀성이냐 라는 양자택일을 제시하는 Zitelmann, Die Kunst der Gesetzgebung, Dresden 1904, S. 15: 그러나 이곳에서 주목할 것은 법률기술적 견해가 아니라, 규범수범자들이나 해석의 구성요소들에 관한 그의 견해가 받아들여져야 한다는 것과는 무관하게 M. E. Meyer, Rechtsnormen und Kulturnormen, Breslau 1903, S. 26ff.에서 명확하게 상술되어 있는 것처럼 오직 해석규칙들과 "규범수범자들"에 관한 견해의 관계이다.

론에 도달한다. 법관의 그러한 자유로운 지위는 벤담에게는 불가능하고 비난해야 할 것으로 생각되었을 것이다. 법관에 의해서 새로운 법이 만들어져야 하는가 또는 새로운 법이 촉진되어야 하는가 여부의 문제가 벤담의 머리에는 결코 떠오를 수 없다. 법률의 명확하고 분명한 텍스트로부터의 모든 이탈, 문법적 해석과는 다른 모든 해석, 모든 "구성", 하나의 사실의 규율을 다른 사실의 규율에 의미에 맞게 전의(轉義)하는 모든 작업은 벤담에게는 그에 대해서 격렬하게 반대하는 파렴치한 범죄행위에 해당된다.[24]

---

24) 이 부분은 전부 인용될 만한 가치가 있다. 이 부분은 자신이 "엄격한 교조주의적 신앙"으로부터 자유롭다고 생각하여 법률을 법률의 "자유로운 정신" 속에서 적용하고자 하는 많은 사람들에게 반대하고, "합법률성"이 유일한 단어임에도 불구하고 결정의 판단기준으로서 "합법률성"을 포기하면서 갑자기 "법적 안정성"을 제시하는 데 반대한다. - Bentham, a. a. O. S. 325는 다음과 같이 이야기한다. "해석은, 법률가나 누군가가 달리 그 단어를 사용함에 따라, 전혀 상이한 그 무엇이다. 한 저자의 말을 해석한다는 것은 그 저자가 그 말로써 생각한 바를 증명하는 것을 의미한다. 그러나 로마법학자에게 법률을 해석한다는 것은 그 법률의 어떤 단어의 의미를 다른 단어의 의미로 대체하기 위하여 그리고 그것도 이 새로운 의미가 입법자의 진정한 의사라고 추정함으로써 명확한 단어의 의미를 무시하는 것을 의미한다. … 그러한 방법을 채택하는 경우 법적 안정성은 끝장난다. 어떤 법률이 이해하기 힘들거나 애매하거나 모순투성이인 경우 시민은 최소한 그 속에는 눈에 띄지 않는 경고, 아마도 그렇게 유효하지는 않지만 어쨌든 사람들은 최소한 예견하여야 하는 폐해의 경계를 보고 있다는 유익한 경고가 놓여있다는 것을 알고 있다. 그러나 법관이 감히 스스로 해석을 하면, 즉 자신의 의사를 입법자의 의사로 위조하면, 모든 것은 자의(恣意)로 된다. - 그의 기분이 어느 방향으로 갈지는 예측할 수 없다. 그러나 그러한 것이 전부가 아니다. 실제로 그로부터 생겨나는 결과와 비교한다면 그것은 사소한 일에 지나지 않는다. 머리를 들이밀어 나갈 수 있다면 몸뚱이도 나갈 수 있는 동물을 뱀이라고 사람들은 이야기한다. 합법적인 남용이라는 이 위험한 머리를 우리는 경계하여야 한다. 그렇지 않으면 우리는 그 이후의 현상들에 뒤따르는

그러나 벤담은 법학을 하고 있는 것이 아니라 법정책학과 사회과학을 하고 있다. 만일 이곳에서 추상적으로 확인된 것의 동기가 강조된다면 그것은 법적 안정성과 외면적으로만, 벤담이 법적 안정성을 이해하듯이, 관련이 있다. 왜냐하면 이곳에서의 관심사는 법적 안정성의 국

모든 것이 금명간 분명하게 등장하는 것을 보게 된다. … 법률에 대한 폭력의 모든 월권은, 그것이 순간적으로는 유익한 것일 수도 있겠지만, 선례로서 두려움의 대상이 되어야 할 것이다. 그러한 자의를 가지는 선은 한계, 그것도 좁은 한계를 가진다. 그러나 경계를 가지지 않는 것은 재앙, 그로부터 결과되는 안정감의 손상이다. … 법관은 언제나 하나의 출구를 가지고 있다. 법관은 단어의 의미를 원용하거나 아니면 해석을 통하여 매개된 입법자의 의사를 원용한다. …"(To interpret has signified entirely different things in the mouth of a lawyer and in the mouth of another person: tm interpret a passage of an author, is to show the meaning which he had in his mind; to interoret al law in the sense of a Roman lawyer is to neglect the clearly expressed intention in order to substitute some other by presuming that this new sense was the actual intention od 선 legislator. - With this manner of proceeding there is no security. When the law is difficult, obscureincoherent, the citizen has always a chance of knowing it: it gives a blind warning, less efficasions than it might be, but always usefull: the limits of the evil which may be suffered are at least perceived. But when the judge dares to arrogate to himself the power of interpreting the laws, that is ro say, of substituting his will for that of the legislators, every thing is arbitrary − no one can foresee the course which his caprice may takr. It is not enough to regard this evil in itself alone: how great soever it may be, it is a trifle in comparison of the weight of its cosequences. The serpent, it is said, can cause its whole body to enter at the opening throudh which its head will passL with regard to legal tyranny, it is against this subtle head that we should guars, for fear of shortly seeing dispayed in its train all its tottnous folds … All usurpation of a power superior to the law, though useful in its immediate effects, ought to be an object pf dread for the future, There are limits and narrow limits to the good which may result from this arbitray power: there are none to the evilthere are none ti the alarm, which may arise from it … He(the judge) is always sure to save himself, either by the literal or by the interpretative sense …)

민경제적 그리고 사회심리학적 의미가 아니라,25) 모든 법문이 자체 내에 포함하고 있는 내용적 무관심의 동기가 내용과 관련을 가지는 판단기준들을 (국민의 지배적 가치관의 의미에서) 정의의 판단기준과 마찬가지로 일반적으로 표준적인 판단기준으로 주장하는 것을 불가능하게 하는 데 있다. 이제 '법적 확정성'(Rechtsbestimmtheit)('법적 확실성' Rechtsgewißheit이란 단어는 지나치게 "exspectation"의 심리적 과정을 의미한다)의 경험적 의미를 주시한다면, 그것으로써 판단기준의 올바름이 입증된 것도 아니고 해석규칙이 고안된 것도 아니다. 오히려 현대적 실무의 이러한 방법적 원리는 낯선 것이 아니며 외부에서부터 실무에 부과된 것도 아니라는 것이 증명되었을 뿐이다. 왜냐하면 실무도 예견가능한 결정을 내린다는 생각에 지배되고 있기 때문이다. 논리적으로 불가피한 논증, 합리적인 구성을 추구한다는 것은 이러한 목표와 함께 오해된 방법일 뿐이다. 그에 대한 존경심이 오늘날 아마도 일반적으로 사라진 통찰력26)

---

25) 벤담은 또한 법적용의 어떠한 방법도 제시하고자 하지 않는다. 그의 출발점, 즉 인간의 이기주의는 정당한 허구일 수 있다(그에 대해서는 Vahinger a. a. O., S. 354-357 참조). 그러나 그러한 허구는 그의 국가이론과 사회이론과 관계가 있다. 그는 법적용에서 일반적으로 어떠한 어려움도 없다고 생각한다.

26) 대단히 복잡한 법률들에 능통하고 그 법률들에 적절하게 포섭하는 것은 어쨌든 그 자체 고도의 지적 문화의 증거가 아니다. 매우 원시적인 부족들도 그러한 일을 놀랄 만큼 잘 해낸다. 쥬노 Junod(les Ba-Rongas 1898)는 예컨대 바롱가족(주물을 신성시하는 아프리카의 흑인부족)이, 그리고 킹슬리 *Mary Kingsley*(West-African Studies 1899)는 서아프리카인들이 그들의 종교와 어이없을 정도로 명민한 법들과 많은 "조리"의 복잡한 규정들 속에서 행동한다는 것을 보고하고 있다(Kultur der Gegenwart I., Abr. III., S. 10, Ed. Lehmann의 논문에

이 법적 확실성을 창출하는 것을 도와야 할 것이다. 그러므로 지금까지 늘 그래왔듯이 결정의 내용이 그것에 비추어 정당화되는 내용에 따라 올바른 결정의 문제를 탐색하는 대신에 그 문제를 한번 다른 방향에서 추적한다 하더라도 그것은 이상한 일이 아닐 것이다. 그러므로 그와 같은 일은 법관의 결정이 그러한 내용에 대하여 무관심한 태도를 취할 수도 있고 특정의 방식으로 결정하기보다는 오히려 일반적인 결정이 존재한다는 이유만으로 이미 부정되어야 한다. 바로 법률이 법률외적 내용에 대하여 무관심한 태도를 취할 수 있는 것과 같다.27)

판결의 논거에 대한 법관의 판결의 태도와 법률의 "동기"에 대한 법률의 태도는 다르다. 이 점에서는 어떻게 하더라도 양자를 대등하게 취급할 수 없다. 사람들이 최근에 자주 법관의 활동과 입법자의 활동을 통합하는

서 인용). 다행스럽게도 오늘날 우리들에게는 이러한 바롱가적 명민이 더 이상 이상으로 통용되지 않는 것으로 생각된다.
27) 법적 확정성의 문제를 다루면서 방법적 명확성을 유지하는 것이 얼마나 어려운가 하는 것을 다음의 예가 보여줄 것이다. 파가노 Pagano, Rivista Italiana p. 1. scienze Giur. XLIX., S. 70/1는 사람들은 재산권을 정의한 프랑스민법전 제544조(la propriété est le droit de jouir et de disposer des choses de la manière la plus absolue)를 없는 것으로 생각할 수 있고 그럼에도 불구하고 재산(권)이란 사실은 남아 있게 될 것이라고 말한 롤랑 H. Rolin(Prolegomènes à la science du droit. Esquisse d'une sociologie juridique, Bruxelles 1911)의 상론에 반대한다. 법을 '합리성의 원리로부터 연역하는 학문'(scienza deduttiva di principi razionali)이라고 설명하는 파가노는 그와 같은 것은 더 이상 법학이 아니며, 롤랑은 마치 경계획정이 이미 사회과학적인 그 무엇이 아닌 것처럼 그리고 합리성의 원리로부터의 연역과 아직도 어떤 관계가 있는 것처럼, "제한과 보증은 법규의 고유한 직접적 목적을 달성한다"(la delimitazione e la garantia, che constituiscono l'oggetto proprio ed immediato della norma giuridica)를 간과하고 있다고 말한다.

것은 양자가 원칙적으로 상이하다는 사실을 전혀 바꾸지 못한다. 그러한 통합은 행동의 내용과 심리적 과정에서의 유사성이 많은 사람들에게 방법에 있어서의 모든 차이를 소멸시키기 위하여 충분하다는 데 대한 예일 뿐이다. 법률의 재료에 대한 법률의 전적인 독립은 형식적으로는 공포의 방식에서 증명된다. 사람들은 그를 위해서 또한 법적 안정성의 고려를 관철하였다.[28] 그러나 법률과 입법자료의 엄격한 분리에 그리고 특히 법률의 해석을 위해서 입법자료가 무의미하다는 결론에 이르는 그러한 숙고는 결정 시에 논증할 것에 찬성한다. 논증 없이는 판결이 없고, 논증은 결정의 한 부분이다. 그 이유는 단순히 논증이 결정주문을 이해하기 쉽게 해주고 구성요건과 함께 결정주문을 개별화하는 것을 도와주기 때문이 아니라, 어떤 법률의 올바름에 대한 문제는 항상 현존하는 법질서 내에서 행해지는 어떤 결정의 올바름에 대한 문제와는 전혀 다른 문제를 포함하고 있기 때문이다. 그러므로 결정의 올바름은

---

[28] 크라우스 *Kraus*(Grünhut, XXXII. (1905), S. 613ff.)는 어떤 입법자료를 유념할 필요가 없다는 것은 이미 법적 안정성의 욕구로부터 분명하다는 것을 적절하게 언급하였다. 그는 논리 필연적으로 벤담과 같은 결과에 도달하지 않으면 안 되었다. 그러나 그는 그의 논문의 제2부에서 모든 것을 그 앞에서는 확정된 것의 추상적 의미가 그에게 전혀 문제되지 않는 "정의"에 맞추고 있다. - 또한 여기서 단 *Dahn*(Behrens Z. f. Ges. 1872)이 법에 대해서 그것은 "임의적 법질서가 아니라 이성적 법질서"(S. 562)이며 "100년 동안 불법이 지배했다고 해서 그것이 법이 되는 것은 아니다"라고 말하고 있는 것도 언급되어야 한다. 그는 그에 이어 다음과 같은 흥미로운 언급을 하고 있다. "정직하게 말하자면, '정의'는 문외한들과 호의적인 법률가들이 으레 생각하는 것보다 훨씬 법학과 관계가 없다."

실정법률규정에 종속된다. 이러한 종속성을 규정하는 데에, 그 이유와 그 한계에 문제가 있다는 것을 간과하면서 이로부터 사람들은 천진난만하게 올바른 결정은 논리적으로 법률로부터 도출되어야 한다는 결론을 이끌어냈다. 결정은 논거를 제시해야 한다. 즉 결정은 왜 현재의 법상황에서 자신이 옳은가를 입증하여야 한다. 법률의 경우에는 그러한 종류의 문제가 당연히 문제되지 않는다.

"법으로 규정되기 이전의 규범복합체"(vorjuristische Normenkomplex)29)와의 관계에서 법규범의 내용을 관찰하기 위해서 법으로 규정되기 이전의 내용들이 법률의 내용을 명백하게 규정하는 점(點)에서부터 내용이 전적으로 확정되고 본질적인 것인 다른 점까지 선(線)이 그어져야 한다. 결정을 논증함에 있어 어떤 역할을 하는 내용에 대한 법관의 결정의 관계에 대해서도 같은 선이 생각될 수 있다. 법규범의 해석과 관련하여 법규범은 그것이 내용적 무관심에 접근할수록 문언해석을 할 수 없다. 문언해석이 의미하는 바는 추상적 확정의 동기가 의미하는 바에 대하여 기능적 관계에 있다. 사람들은 그에 대한 흥미로운 역사적 증명을 법률이 한 개인의 (특히 신神의) 임의행위로 이해되는 곳에서는 어디에서나 문언해석이 전적으로 지배한다는 사실에서 볼 수 있다. 결정의 논거의 내용과의 관계에서 결정이 위치하는 점(點)을 규정하는 것이 법관의 결정을 위해서 얼마나 커다란 의

---

29) M. E. Mayer, Z. f. d. ges. Strafrechtswissenschaft, 32, S. 496의 표현.

미를 가지는가는 다음 장에서 보여질 것이다. 그러나 그러한 무관심의 관계가 가능하다는 것은 "법으로 규정되기 이전의" 내용들과 연관이 있는 판단기준들이 법실무의 모든 현상들을 거의 설명할 수 없다는 것을 증명한다. 그러므로 "합법률성", 즉 결정의 전거성(典據性)의 사고뿐만 아니라 결정의 정의나 합문화성 또는 합리성의 사고도 법실무에 판단기준을 제공할 수 없다. 다음 장에서는 법적 확정성의 사고가 그렇게 할 수 있는 이유를 상론하여야 할 것이다.

제4장

올바른 결정

제4장

올바른 결정

결정의 "합법률성"의 판단기준은 무가치하다는 것, "법으로 규정되기 이전의" 규범복합체와 연관이 있는 판단기준들은 반드시 법생활의 중요한 사실을 무시하게 된다는 것, 결국 법실무에 토착적인 판단기준이 발견되어야 한다는 것을 고려할 때, 다음과 같은 공식은 더 이상 역설적이거나 도전적인 것으로 생각되지 않을 것이다.

오늘날 어떤 결정은 다른 법관도 마찬가지로 결정할 것이라고 가정될 수 있다면 올바르다. 여기서 "다른 법관"이란 현대의 법률에 정통한 법률가의 경험적 유형을 뜻한다.

이 공식이 법적 확정성의 요구와 밀접한 관계를 가진다는 것은 분명하며 개별적인 것은 아래에서 설명될 것이다. 이 공식과 관련하여 우선 다음과 같은 것을 강조하여두는 것이 좋을 것이다. 첫째로, 이 공식을 통하여 현대 법실무의 일련의 현상들은 다음과 같은 설명

올바른 결정을 위한 정식

을 포함한다. 이러한 현상들은 이 공식에 찬성하는 논거를 포함한다. 그 중에서 특히 거명되어야 할 것은 오늘날의 법실무에서 합의제와 "결정이유"의 현상이다. 둘째로, 이 공식은 한편으로는 법률의 권위가 지속적으로 인식되어야 하나, 다른 한편으로는 동시에 결정은 비록 그러한 것들이 아직도 "전거가 있다"고 불리는 일은 거의 없음에도 불구하고 - 그러한 것들은 이제 최고법원들의 선결례와 그 확고한 실무를 통하여 보호될 수도 있고 보호되지 않을 수도 있다 - 올바른 것으로 불리는 실정법 외적인 그리고 가끔은 반실정법적인 것들을 해결하여야 하는 데서 발생하는 분규를 모순 없이 해결하는 것을 포함한다. 결정의 "합법률성"이 더 이상 결정의 올바름과 일치되지 않는다는 것은 객관적인 척도를 포기하고 모든 것을 법관의 주관성에 맡긴다는 것을 뜻하지 않는다.[1] - 만일 이 공식이 그러한 것에 대해서 선결례의 의미를 해명하고 그 밖의 해명과 전적으로 일치하게 되면 이 공식은 자신이 정당하게 오늘날의 법실무의 표준적인 원리라는 것을 증명한 것이다.

합의제원리   단독판사보다 합의제법원이 선호되어야 하는가 여부의 문제에 대하여 사람들은 앞으로도 오랫동안 다툴 수 있을 것이다. 어쨌든 단독판사를 우선하는 것은 실무의 방법에 관한 특정의 견해들과 매우 밀접하게 관련되어 있다.[2] 현재의 지배적 법실무에서 합의제원리를 우선하

---

[1] 이는 원래 자명한 것이다. 그러나 사물이 오늘날 처한 상태와 같이 그러한 자명성은 유념하도록 항상 계속해서 강조될 필요가 있다.
[2] 칸토로비치 *Kantorowicz*는 재판부에서의 다수와 심급제에서 과도한 주관성에 대한

는 것은 사안의 중요성과 더불어 그것을 결정하여야 하는 법관의 수가 원칙적으로 증가하고 있다는 것을 통해서 표현되고 있다. 사람들은 이러한 현상을 다음과 같은 평범한 설명으로써 해결할 수 없다. 세 사람은 한 사람보다 더 많이 보고, 일곱 사람은 다섯 사람보다 더 많이 본다. 왜냐하면 첫째로는 그러한 평범한 설명이 문제되고, 둘째로는 오늘날 합의제법원의 경우 한 명의 법관이 사건을 전담하고 평의에서 그 결과를 보고함으로써 다수가 "많이 본다는 것"이 문제점이 있는 것으로 된다는 사실이 널리 알려져 있기 때문이다. 심의에서 토론은 전적으로 사람들이 합의하여야 하는 법적 문제에 집중된다. "전담법관제도"에 대한 수많은 비판은 사법에서 다수가 본래 의미하는 바를 오인하는 데

보호를 보았다. 그에 반하여 그는 「법학을 위한 투쟁」(S. 41)에서 그 밖에 모든 것을 법관의 인격에 맡기고 일반적으로 정당한 판결을 부정한다. 그러나 칸토로비치를 그것에 고정하는 것은 오해일지도 모른다. 그의 입장표명에 있어서 결정적인 것은 「정법(正法)에 관한 이론」, Berlin 1909, S. 25에 있는 다음과 같은 문장이다. 법관은 "권위 있게 스스로를 표현하는 정의감"을 유념하여야 하며 법률의 흠결을 그러한 정의감에 따라 보완하여야 한다. 그렇게 발견된 법을 "법관은 자신의 생각을 무시하고 적용하여야" 한다. 제1차 독일사회학자대회에서 행한 '법학과 사회학'이라는 그의 강연에서는 또한 타율적 규범의 발견이 문제되고 있다(발간된 강연에는 또한 실정법에 반하는 판결에 대한 칸토로비치의 입장을 알 수 있는 참고문헌이 들어 있다). - 이 문제들에 관한 토론에서 모든 것이 가능하다는 데 대한 예를 들기 위해서 다음과 같은 것이 언급되어야 할 것이다. 홈펠 *Hompel*(Arch. f. R. u. W. III., S. 562)은 「법학을 위한 투쟁」에서 칸토로비치가 표시한 견해, 즉 사정에 따라서는 법관은 자의적으로 결정할 수 있다는 견해를 니체 *Nietzsche*에 의하여 마음의 평형을 잃은 "초인"의 열광의 산물로 주장하고자 하고 그렇게 함으로써 칸토로비치의 견해는 '불합리한'(ad absurdum) 결과를 가져왔다고 믿고 있다.

서 비롯된다. 다수를 취함으로써 법적 견해에 있어서의 개별적 특수성들은 조정되어야 한다. 그러므로 중요한 것은 일반적인 법적 확정성에, 결정이유의 전달가능성(즉 알게 하는 데)에 도달하는 것이며, 이를 통해서 결정이 예견 가능한 것이 되어야 하고 전체 법실무에 연관을 가져야 한다. 합의부의 다수결에서 법관의 인격은 상실된다고 사람들은 불평을 털어놓았다.[3] 그러나 현존 질서로서의 법을 위해서는 독창성 자체는 거의 의미가 없으며, "인격"의 힘과 가치에 대한 모든 생각들은 법률외적 범주에서 움직이고 있다.[4] 오늘날의 법실무(와 모든 법실무)에서 법관의 결정의 올바름을 판단하는 기준은 개인의 감정의 과정이나 개인의 주관적 확신을 참조하라고 하지 않는다는 것은 자명하다. 중요한 것은 언제나 타율적인 평가이다. 그러나 다음과 같이 논증한다면 그것은 옳지 않을 것이다.[5] 전체사회의 법감정은 판결의 올바름을 판단하는 데 결정적인 것이다. 법관의 수가 많을수록 이러한 법감정에 적중할 개연성은 더 커지고 전체사회에 접근할 가능성도 더 커진다. 이상(理想)으로서 모든 개별적 결정에 대한 대중투표를 가정하여야 하는 이러한 견해는 다수의 법관과 결정이유의 평의가 문제된다는 것을

---

[3] Adickes, Stellung und Tätigkeit des Richters, Dresden 1906, S. 9
[4] 그렇게 함으로써 그러한 생각들의 도덕적 정당화, 학문적 불가피성 그리고 실제적 유용성에 대해서는 부정적인 그 무엇도 이야기된 바가 없음을 또한 이곳에서 강조해둔다.
[5] 그밖에도 다수결원리와 결정의 올바름에 대한 문제의 관련성을 상기하게 한 공로가 있는 A. Sturm, Die Bedeutung der Mehrheit in der Rechtsanwendung und in der Rechtsprechung, Halle 1908.

유념하고 있지 않다. 그러나 평균적인 것에 접근하기 위해서 세 명 또는 다섯 명의 사람과 더 많은 다중이 필요하다면, 강력한 법적 감정을 가진 개인이 똑같은 확실성을 가지고 법감정에 맞는 해결책을 발견할지는 의심스럽다. 감정에 맞게 올바르게 "법적 분별심"(juristische Takt)에 일치되게 결정한다는 것은 결국 항상 개인의 소관사항이다. 물론 합의부는 법감정에 일치하는 결정이나 한 눈에 보아서 "법적 분별심"에 일치하는 듯한 결정을 발견할 수도 있다. 그러나 법감정은 그러한 법적 분별심을 합의부로 생각하지 않는다. "법적 분별심"은 직관적 인식의 능력 안에서 소멸한다. 그러나 직관은 개인이나, 또한 사람들이 생각할 수도 있듯이, 사회학적 전체의 문제이다. 그로부터 예컨대 지방(支邦)법원의 제2 민사부와 같은 법관합의부가 직관적으로 인식할 수 없다는 것은 분명하다. 또한 합의부는 직관적으로 인식하려고 하지도 않는다. 합의부로서는 항상 결정이유를 진술하고 전개하는 것이 중요하다. 대중에게 쉽게 와 닿는 사법에 접근하는 것이 문제되는 것은 아니다. 그러한 것은 합의제원리가 가지는 의미가 아니다. 다수의 법관이 그 이유를 심사한 결정은 그 자체로서 예견가능성이 있을, 다른 법관들도 마찬가지로 결정할 더 커다란 개연성을 가진다. 항상 법관, 법실무 자체가 문제되는 것은 아니다. 이로써 법감정과도 일치하게 되었다. 왜냐하면 법감정의 매우 중요한 요구들에는 또한 결정의 균형성과 예견가능성이 속하기 때문이다. 결정의 균형성과 예견가능성은 다수의 법관에 의하여 달성되고 또한 이념에 따라 다수의 법관에 의하여 달성되어야 한다. 모든 판결이 7명의 법관에 의하여 선고된다면 재판은 단독판사에 의해서만 선고되는 것보다 전국적으로 더 통일될지도 모른다. 비록 어떤 법적 견해에 대한 공격이 격렬하고 일반적으로 된다 하더라도 합의부는 개별적인 법관이 자신의 확신을 버리듯이 그렇게 쉽게 합의부의 "일관된 실무"를 버리지 않을 것이다.6) 안정성에 대한 이러한 경향과 사법에 있어서의 다수라는 생각에 내재하고 있는 법적 확정성에 대한 경향은 오늘날의 실무를 방법론적으로 관찰함에 있어 유념되고 해명되어야 한다. 그밖에 언급해둘 것은 재판에서

---

6) "법관합의부의 사회학"은 아직까지는 쓰이지 않았다. 아마도 그러한 사회학은 본문에서 우선은 합의부 자체의 직관적 인식에 대한 능력을 합의부가 사회학적 통일체는 아니라는 사실을 근거로 부정하지만 이제 합의부가 특수한 경향과 지향을 가진 확고한 실무의 주체로 등장하고 있다는 것을 증명할 것이다. 왜냐하면 그 경우에 합의부의 통일을 구성한 목적(결정이유의 평의)은 직관적인 인식을 배제할 것이기 때문이다. 그러나 경험적으로 합의부법원의 재판을 지배하는 보수적 경향이 합의부 내에서 배제되지는 않을 것이다.
본문의 설명을 위해서 흥미로운 혼동은 Kierulff, Theorie des Gem. Civ. Rechts, Altona 1839, S. 41의 다음과 같은 문장을 기초로 한다. "자기 자신의 주관적인 분별심보다 약간 명의 교육받은 법률가들의 객관적인 감정을 더 신뢰하는 것이 진정한 법을 실시하여야 할 법관의 의무이다." "객관적인 감정"이란 무엇을 말하는가? 약간 명의 교육받은 법률가들의 감정은 권위 있는 심급이 아니다. 결정은 유형으로서의 "교육받은 법률가"가 똑같은 결정을 내리고 약간 명의 교육받은 법률가들이 그 점에 대하여 확신하는 경우에 올바르다. "교육받은 법률가"는 의당 확신을 가져야 한다(선결례는 확신의 특징이다). 그래서 키어울프 *Kierulff*의 다음 문장은 다음과 같이 고백한다. "이 분야에서 법적 관용은 결코 쓸데없는 것이 되지 않을 것이고 그것은 이곳에서 법의 확실성을 촉진하는 자신의 사명을 달성한다." - 그의 "사변적 실증주의"에도 불구하고 키어울프는 명망 있는 실무가였다는 것을 말해둔다.

공동합의의 원칙과 같은 현상을 유념할 필요성에 실무에 특별한 방법과 그것을 연구할 정당성에 찬성하는 논거가 있다는 점이다. 실정법을 이론적으로 가공하기 위해서, 학문적 체계를 위해서 단순히 다수, 즉 합의부를 생각하는 것은 넌센스이다.

심급의 의미는 재판에서 다수의 의미와 매우 밀접한 관계에 있다. 또한 심급도 객관성, 엄격한 타율성의 선언과 모든 주관주의적인 것의 부정에 대한 언급을 포함하고 있다. 그러므로 합의부와 동일한 적(敵)을 가지는 심급은 마찬가지로 요청으로서 사람들이 심급을 정당화할 수 있을 법적 확정성을 지향한다. 그와 동시에 최고법관의 결정이 가지는 피할 수 없는 선결례적 성격 때문에 "상위질서"라는 생각이 들어오고 결정에서 판결의 올바름에 대한 (전체로서의) 실무의 (방법적) 자율성이 특히 수긍이 간다. 그러나 이제 "다른 법관"을 지시하는 앞에서 제안된 공식은, 최고심급에 의한 결정변경과 세 개의 심급이 세 가지 상이한 결정을 내릴 가능성이 그 공식의 실천적 의미를 무효화함으로써, 바로 심급에서 자가당착에 빠진 것으로 생각된다. 그러나 이러한 이의를 주장하는 자는 방법론적 연구의 목적과 법관의 결정의 올바름에 대하여 공식이 가지는 의미를 오인하는 것일 것이다. 그러한 공식은 실무의 얼굴을 바꾸는 것, 알려지도록 선고되는 모든 결정의 일반적인 합규정성을 달성하는 것, 소송건수를 감소시키는 것, 변호사의 수입을 감소시키는 것과 상급법원들을 불필요한 것으로 만들거나 적어도 그 부담을 경감시키는 것을 생각하지 않는다. 그러한 공식은 미학의 공식이 천재를 만들고 영원한 가치를 생산하도록 실천적인 안내를 하려는 것과 같은 것을 하려고 하지 않는다. 그러나 그러한 공식은 다음과 같은 것을, 즉 결정을 판단하기 위한, 결정이유를 그 증명력에 비추어 검토하기 위한, 비방법적인 논증의 경우에는 사용되는 논거들이 얼마나 이질적인가를 보이기 위한 척도들을 제공하는 것을 목표로 하고 목표로 할 수 있어야 한다. 이러한 공식은 법실무에서 무엇이 일반적으로 논거로 적용될 수 있는가를 밝혀야 하고 그렇게 함으로써 실무가 자신의 수단과 방법을 자성(自省)하도록 도와야 한다. 그렇게 함으로써 비로소 그러한 공식은 또한 실천적인 가치에 도달한다. 또한 최고법원들의 결정들도 그러한 공식의 판단기준에 따르며, ("법률침해"의 경우에) 개정의 문제는 그러한 판단기준으로부터 새로운 조명을 받게 된다. 그러므로 두 명의 법관이 상이한 결정을 내리는 것은 비난받을 일이 아니다. 왜냐하면 다음과 같이 이야기하는 데 불과하기 때문이다. 그들의 활동이, 판결이유가 가지는 경향과 의미는 모든 다른 법관들과 같이 그들의 결정의 예견가능성에 대한 확신을 밝히는 것을 결정한 데 지나지 않는다. 그들이 자신들의 행위가 가지는 이러한 의미를 명확하게 알게 되자마자 그들은 결정이유로서 무엇이 관찰되는가, 무엇이 일반적으로 전적으로 타당한 논거인가를 판단할 수 있게 된다.

판결들과 결정들의 다양함을 언급함으로써 사람들은 제안된 공식의 가설적 표현을 찾아내고자 한다. 사람들은 다른 법관이 결정했으리라 생각되는 것을 확정하는 것은 사실상 어렵다고 생각한다. 사람들은 다른 법관의 심리분석을 생각할지도 모르고 심지어는 총명하게 다음과 같은 말을 덧붙일지도 모른다. 만일 한 법관이 올바르게 결정하지 않았다면 그로써 모든 법관이 그렇게 결정하지는 않았을 것이라는 것이 증명된 것이다. - 물론 모든 개별적인 법관이 화제가 되어 있는 것은 아니다. (충분히 의식하여 선택된) 가설적 표현은 다른 무엇이 발생하지 않았다면 발생했을지도 모르는 사실적인 그 무엇을 암시하는 것을 뜻하지는 않는다. 가설적 표현은 그것에 이제부터 평가할 결정이 포섭되어야 할 법률을 법관으로부터 획득하기 위하여[7] 또한 다른 법관들의 행위를 규정하고자 하지도 않는다. 그 속에서 법관의 집단심리적 관찰에 대한 요구를 보는 것은 심리학적 오해일 것이다. 그러한 관찰방법은 물론 가능하며 그러한 관찰방법을 따르는 연구는 가치가 있다. 이는 다음과 같은 명제, 즉 "그러한 준칙을 통하여 그러한 준칙이 일반적인 법칙이 될 것을 네가 동시에 의욕할 수 있는 그러한 준칙에 따라 행동하라"의 경우에 그 명제의 규범적 의미가 폐지되지 않고 침해되지도 않으면서 그러한 관찰방법이 가능한 것과 같다. 제안된

---

[7] O. Bülow, a. a. O., S. 45는 적절하게 그가 "법관법"이라고 부른 것에서 문제되는 것은 추상적 법규범이 아니나 그럼에도 불구하고 법관법을 부정하는 것은 자기부정이므로 "법관법"은 존재한다고 말하고 있다. 빌로브*Bülow*의 견해는 사람들은 "법관법"에서 바로 법실무 자체의 판단기준에 대한 방법론적 자율성을 본다고 설명될 때에만 모순이 있을 수 없다.

공식은 또한 법관에 대한 법률명령과도 전혀 관계가 없다. 제안된 공식은 현대 법실무의 방법상의 원리를 제시할 뿐이다. 경험적 유형으로 "다른 법관"을 언급하는 것은 결정의 올바름에 대한 문제에서 법적 확정성의 요구가 가지는 구성적 의미를 표현하는 것일 뿐이다. 그러므로 올바르게 결정하고자 하는 법관은 사전에 다른 법관의 견해를 말하자면 공식화하고 그저 포섭하기만 해서는 안 된다. 그와 같은 것은 "합법률성"에서 결정의 올바름에 대한 판단기준을 보는 오래된 오류일지도 모른다. 그 대신 법관은 그의 결정이 실제로 행해지는 실무와 일치되도록 모든 노력을 경주하고 그가 지배적 견해를 포기하는 경우에는 항상 분명한 논거를 가지고 그렇게 함으로써 그러한 이탈이 예견가능성의 영역 내에 있게 되도록 진력하여야 한다. 그러므로 결정이유가 다른 법관의 행동을 규정하고 균형 잡힌 실무에 영향을 줄 수 있는 한, 그것은 사정에 따라서는 실제로 창조적 의미를 가진다. 그러나 법관은 결정의 어떤 점에 있어서도 전적인 자유재량, 자신의 특수한 주관성, 자신의 개인적 확신 자체를 따라서는 안 된다. "다른 법관"도 바로 정상적으로 법교육을 받은 법관이다. 이곳에서 "정상적"이란 단어는 양적·평균적인 의미로 사용되었지, 이상형의 표현으로서, 양적·목적론적 의미로 사용된 것은 아니다.

실무의 모든 방법론이 고려하지 않으면 안 되는 정상적인 법관[8]이라는 이러한 경험적 유형은 그 논리적 구

---

[8] 이것이 슈테른베르크 Th. Sternberg(Characterologie als Wissenschaft, Lausanne 1907; J. H. v. Kirchmann und seine Kritik der Rechtswissenschaft, Berlin 1908;

조에 따라 처음부터 이상적 구성인 그리고 그것에서 경험적 개연성의 모든 가능성이나 경험적 개연성과의 모든 관계가 배제된 "입법자"나 "법률의 의사"와는 전적으로 다른 그 무엇이다. "입법자"란 이상형은 수백 년 이래 법실무가 그것과 인연을 끊지 못하고 있는 구성이다. 법의 이념으로부터 시간을 뛰어넘는 효력을 요구하는 것을 도출해내는 것은 그것이 무엇이든 내용 적대적이고 그리고 그렇기 때문에 실무에게는 무가치하든가[9] 아니면 실무에 사용될 수 있도록 포기된다.

Einführung in die Rechtswissenschaft, Leipzig 1912, I, § 14. 아쉽게도 아직까지 계속되지 않았다)가 시도한 법률가에 대한 성격학적 연구들이 본문의 상론들과 연결되는 점이다. 그러나 다음과 같은 것을 유념하여야 한다. 이로써 법관의 결정의 올바름에 대한 질문이 단순히 경험적 관찰로 되어서는 안 된다. 올바른 결정의 공식이 경험적 내용을 유입되게 하는 동기를 포함하는 경우 그 공식은 그와 함께 경험적 과정에 대한 해석적 설명이 아니게 된다. 규범적 관찰은 포기되지 않았다. 법관의 결정은 그것이 법관들에 의하여 일반적으로 옳다고 생각되기 때문에 올바르다고 이야기되는 것이 아니라, 결정이 옳다고 생각되고 그 결정으로부터 다른 법관도 마찬가지로 결정했을 것이라는 것이 기대되는 경우에 법관의 결정은 올바르다. 그리고 내용은 매우 자주 동일할 수 있다. 항상 문제가 되는 두 개의 상이한 관찰이다. 본문의 상론의 경우 경험적 법관은 단지 공식 내의 한 요소에 지나지 않는다. 법관이 출발점은 아니다. 법적 확정성의 요구가 출발점으로 남아 있다.

9) 그러므로 또한 학문적 행위에 대한 관계에서 슈타믈러의 이념의 법실무에 대한 영향은 사소한 것이다. 경계가 획정되지 않으면 "자유"와 "분배"의 원칙을 가지고는 아무것도 획득되지 않으며, 심지어는 형식적 정보조차 주어지지 않는다 (Radbruch, in Aschaffenburgs Monatsschr. f. Krim.-Psych. I, S. 600, V, S. 5. Brütt, Die Kunst der Rechtsanwendung, Berlin 1907, § 7. Kantorowicz, Zur Lehre vom richtigen Recht, Berlin 1909, S. 33f.). 어떤 공식은 그 특별한 특수성을 고려하는 경우에만 실무를 위해서 의미를 가진다. - 슈타믈러에 대하여 또 비교할 만한 것으로는 다음과 같은 것들이 있다. (슈타믈러의 상론에 대하여 "Über die Methode der geschichtlichen Rechtstheorie", Festgabe für Windscheid, Halle 1889에

어쨌든 이제 예컨대 칼커 van Calker[10]가, 콜러 Kohler 나 베롤츠하이머 Berolzheimer의 "문화이상"이나 마이어 M. E. Meyer의 "문화개념"에 부여될 수 있는 내용과 같이, 그 자체 중성적이고 내용 없는 개념에 직접적으로 적용할 수 있는 내용을 부여하기 위하여 민족의 유효한 (즉 유효한 것으로 인정된) 세계관들을 사용함으로써 그의 완성이론으로부터 도출해내는 척도들은 실무에 의하여 직접 적용되는 것이 허용된다. 매우 복잡한 사례들에서 그러한 종류의 세계관들을 명확하게 결정하는 것이 어렵다는 데 대하여 주의를 환기시키는 일은 개진되지 않은 이의일 것이다. 왜냐하면 그러한 세계관들을 끌어들이는 것은 모든 구체적인 사례를 용이하고 안전하게 결정하는 것을 가능하게 하는 것과는 전혀 다른 목적을

서 반대하는 Bergbohm, a. a. O., S. 141ff., Anm. 15. 베르크봄은 그러나 그러한 공식은 내용에 도달하고 그리고 그렇기 때문에 자연법에 도달한다고 이야기한다. 그런 다음 그는 그러한 공식을 정의로운 것에 대한 바람에 의하여 심리적인 것이라고 설명한다. Neukamp, a. a. O., S. 55/6. Staffel in Jherings Jahrb. 50, S. 329ff. Makarewicz, Juristische Abhandlungen, Wien 1907, S. 7ff. 특히 이미 인용된 Max Weber im Arch. f. Sozialwis. N. F. 6.의 논문 – 만일 Hegel, Philosophie des Rechts, 1821, S. 7(§ 3)이 "철학적" 법과 "실천적" 법을 대립시키고 후자로부터 전자를 도출하는 것을 전적으로 엄격하게 부정하는 경우 그는 이 자리에서 그렇게 함으로써 아마도 또한 슈타믈러도 강조하는 "이론적" 법이론과 "기술적" 법이론의 대립만을 생각하는 것이다.

10) Politik als Wissenschaft, Leipzig 1899. Ethische Werte im Strafrecht, Berlin 1904. Gesetzgebungspolitik und Rechtsvergleichung(in der Straßburger Festschrift für Laband), Tübingen 1908. 그와 동시에 중요한 것은 입법정책과 법정책의 구별이다. 전자는 (특수한 관점을 요구하는) 올바르게 인식된 법정책의 요구들을 수행할 수단에 관한 이론이다. "Rechtspolitik" im Handbuch der Politik I 및 D. J. Z. 1912, S. 181 참조.

가지기 때문이다. 칼커의 완성이념이 오래된 법을 판단하고 새로운 법을 발견하는 데 척도를 제공하는 한, 그것은 예컨대 법정책에 대해서 직접적인 의미를 갖는다. 더 나아가서 그것은, 지금은 아마도 일반적으로 인정되어 있는 것처럼 또한 실정법의 해석이 최상의 판단원리를 반드시 필요로 하는 한, 실정법을 학문적으로 가공하는 데도 직접적인 의미를 갖는다.[11] 그러나 이 연구에서는 실무의 방법은 학문의 방법과 대립된다. 완성이론의 직접적인 효력은 부정된다. 왜냐하면 완성이론은 실무의 기초를 이루는 것으로 간주하는 이론 자체를 재평가하기 위해서만, 실무를 위해서 발견된 판단기준 자체가 다시금 옳은가 여부와 오늘날 올바른 것으로 표시되어야 하는 결정이 보다 고차적인 관점에서 볼 때 참이고 정의로운 것으로 표시될 수 있을지 여부를 규정하기 위해서만 고려되기 때문이다. 윤리적 세계관들을 끌어들이는 데 자리하는 실질적 정의의 동기들을 도입하는 것은 수많은 실무 특유의 질문들에(특히 선결례에 대한 질문에서와 같이 내용적 중립성의 경우에 단순히 결정 일반이 문제되는 사례들에서) 적절한 대답을 줄 수 없다. 민족의 세계관들은 직접적인(그러나 그렇기 때문에 실제로 의미 있는) 영향력을 가진다.

---

[11] "그러나 판단의 척도로서는 – 달리 사람들이 단순히 주관적인 생각을 초월하는 숭고한 관점으로부터 그러한 판단에로 발걸음을 옮기려고 한다면 – 인간적 목적설정의 보편타당한 그리고 가장 높은 목적이 제시되지 않으면 안 된다. …" van Calker in der Vergl. Darstellung des Deutschen und Ausl. Strafrechts. Allg. Teil III, S. 185.

그 세계관들이 일반적으로 실무에서 유효한 한, 그것들은 일반적으로 결정이 그렇게 내려진다는 가정에 근거를 제공하는 동기이다. 실무특유의 판단기준이 탐색되어야 한다면 하나의 요구를 현대의 실무와 결합시킬 유일한 가능성은 경험적 유형으로서 "다른 법관"을 도입하는 데 있을 수밖에 없다.

결정이유   논증은 결정의 한 부분이다. 결정이유의 의미가 법관의 자기통제를 강제한다는 데서 결정이유의 의미가 끝나는 것으로 보고자 한다면 그것은 순진한 생각일 것이다.12) 그러한 생각은 물론 바람직한 부수적 결과일 수 있다. 민사소송법과 형사소송법의 작성자들이 주로 이러한 목적을 의식하였다는 것도 있을 수 있는 일이다. 그러나 그러한 사실이 논증 없이도 올바름의 판단의 결과가 올바른 결정의 결과와 일치한다고 말할 수 있다는 의미에서만 가능하다는 사실을 변경시킬 수는 없다. 불이행소송에서 소청구에서 인식될 수 있는 한 결정이유가 (단어가 가지는 소송기술적 의미에서) 누락되어도 된다면(민사소송법 제313조 제3항), 그것은 논증을 거부하는 것이 아니라 더 이상 언급이 필요하지 않다는 익히 알고 있는 논증을 참조하라는 지시인 것이다. "결정이유"가 정말로 법관의 자기통제만을 목적으로 한다면 결정이유를 세상 사람들에게 알리지 않고 법관이 결정이유를

---

12) 여럿 가운데 언급되어야 하는 것으로는 Plantenga, Rechtsgeleerd Magazijn XXX, S. 318: "eene grondige motiveering van zijne beslissing noodzakt den rechter zich stap voor stap reckenschap te geven van de wijze, waarop hij tot die beslissing komt."

상급관청에 서면으로 제출하도록 규정함으로써 목적을 더 잘 달성할 수 있을지도 모른다. 진지하게 그러한 것을 주장하고 그러한 것을 얻고자 노력하는 사람은 아무도 없을 것이다. 결정이유는 모든 결정의 본질적인 구성부분이다(형사소송에서 결정이유는 특별한 이유에서 판결의 선고 시 그 요지에 포함되어 공표된다). 결정이유는 단순히 기판력의 범위를 위해서만 의미를 가지는 것이 아니다. 결정이유는 단순히 결정을 개별화하고자 하는 것도 아니다. 결정이유는 설득시키고자 한다. 방법론적 연구를 위해서는 이 사실만을 유념하여야 한다.

그와 동시에 다음과 같은 두 가지 질문이 제기된다. 결정이유는 무엇에 대해서 설득시키고자 하는가? 그리고 결정이유는 누구를 설득시키고자 하는가? 두 가지 질문은 밀접한 관계를 맺고 있어서 어떤 범위에서 어떤 문제에 대한 대답을 우선해야 하는가를 결정하기가 곤란하다. 우선 후자의 질문에 대해서 몇 가지를 언급해야 하겠다.

결정이유의 수범자

법관이 자신의 결정이유로써 누구를 설득시키고자 하는가라는 문제에 관한 법관의 견해를 연구하는 것은 순 심리학적으로는 매우 관심이 있을지도 모른다. 결정이유는 경우에 따라서는 법관이 자기 자신이나 자신의 양심과 나누는 법관의 독백이라는 사실이나 아마도 법관이 예컨대 현란하게 논증된 판결을 통하여 주목을 받고자 한다는 특별한 목적을 추구한다는 사실을 도외시한다면 매우 다양한 수신인을 고려할 수 있을 것이다. 민사소송에서도 형사소송에서도 법관은 당사자를 거의 생각하지 않는다. (그들의 변호사가 아닌) 당사자 자체는 처음부터 배제될 수 있다. 물론 예컨대 금치산선고소송에서 판결은 생각할 수 있을 것이다. 그에 반하여 상급법원에 대한 법관의 지위와 관련해서는 사정이 다르다. (문제되는 것은 언제나 법관의 마음속에서 일어나는 여러 과정이다.) 확실히 수많은 경우에 결정이유를 작성함에 있어 결정을 내리는 법관이 의식적이든 무의식적이든 노력하는 것은 상급법원을 설득시키는 일이며, 그러한 일을 통해서 문제되는 법원의 선결례는 제고(提高)된 그리고 특별한 의미를 가지게 된다. 그러나 또한 이로써 결정이유의 수신인이 전부 망라된 것은 아니다. 예컨대 그러한 심리학적 관찰을 위하여 매우 흥미 있고 중요한 자료를 제공하지 않는 모든 제국재판소결정의 경우에 그러듯이 결정에 대한 법적 수단이 더 이상 존재하지 않는 경우에는, 그러나 또한 다른 경우에도 사람들이 법관과 담화해야 한다고 생각하는 자들은 개별적인 구체적인 인격이나 심급이 아니라, 생각 속에서만 존재하는 비인격적인 그 무엇, 평균적인 현상 또는 아마도 한 무리의 법률가나 교육받은 비전문가들일 것이다. (여전히 계속해서 심리학적·경험적으로 이야기하면) 제국재판소 판결의 결정이유를 작성하면서 그들에 대해서 법적 논증이 전개되고 그들을 설득시켜야 하는 전체 법률가라는 이러한 생각 이외에 결정이유의 수신인에 대한 다른 생각이 유효했다고 간주할 수는 없다. 물론 그 동안(특히 최근 몇 년 사이에) 이러한 전체 법률가는 변화되고 있는 것으로 생각되며 그 속에 비전문가들도 수용되어야 한다.13) 비록 그가 아직까지 결정의 학문적 성격을 변경시킬 수는 없었다 하더라도 교육받은 비전문가는 일반적으로 거래의 필요성을 지적하면서 자신의 가정에 대한 의무 등을 언급하는 자이다. 이곳에서 논의되듯이 모든 판결문을 작성하는 과정에서 수신인에 관한 생각이 분명하게 그리고 자주 등장하지 않는다는 것은 자명하다. 법관이 논증하는 수많은 판결에서 그에 대한 의식적인 생각은 도대체 존재하지 않을 것이다. 다른 판결들에서는 다양한 수신인들이 차례로 그리고 뒤죽박죽으로 이야기될 수 있고 그것은 논거의 설득력이 문제되는 한 일반적으로 논거의 복합체를 해치는 상황이다. 오늘날의 교육받은 법률가는 어떤 부수적인 법률의 부분을 인용하는 것을 중요한 논거로 간주하는 반면에, 그것이 비전문가 일반에게는 어떠한 감명도 주지 못한다. 거꾸로 거래의 필요성에 관한 언급은 법률가를 당혹하게 할 수 있고 어쨌든 쉽사리 그러한 언급에서 결정을 내리는 법관은 자신의 논거의 법률적 증거력 자체를 충분한 것으로 간주하지 않고 이제 다시 자신의 논거에 대한 "정의감"을 저울질하려 한다는 추측을 불러일으킬 수 있다. 그러한 일을 통해서 사실상 결정이유는 빈번히 누구도 만족시키지 못하는 동요하는 모순적 성격을 띠게 된다. 왜냐하면 대부분의 사람들에게는 방법적 본능이 방법론적 연구에 대한 그들의 관심보다 여전히

---

13) 그밖에도 미합중국의 몇몇 주에서는 법관은 국민을 설득시켜야 한다는 생각이 국민이 투표를 통하여 법관의 재임과 소환(recall)을 결정해야 한다는 정치운동을 초래하였다.

훨씬 더 강하기 때문이다. 그러나 구체적 생활에서 이러한 모든 다양성에도 불구하고 그것이 법관이 자신의 결정이유로써 설득하고자 하는 유형을, 즉 자명하게 또한 실제 생활의 문제를 이해하고 있는 학식 있는 법률가를 일반적으로 구성하는 데 방해가 되지는 않는다. 역사적 문제들이 이와 넓게 관련되어 있다. 예컨대 결정이유를 일방적으로 추상적이고 이론적으로 논증하는 것을 판결이유의 수신인으로 학식 있는, 그저 자신이 구성한 세계에서 살고 있는 법률가에 대한 생각으로 환원시키는 것이 그것이다. 법학에서 "모더니즘"운동은 이러한 수신인의 변화에 그 기원을 두고 있다. 이제부터는 학식 있는 비전문가나 건전한 오성을 가진 모든 사람도 설득의 대상이 되어야 한다. 이로써 또한 "인간적" 설득과 "법률적" 설득의 구별, 모든 실무에 능통한 법관이 증명하는, 심리학적으로 여전히 유효하고 오늘날 대체로 주장되듯이 결코 선험적으로(a priori) 물리쳐야 할 것은 아닌 구별은 사라진다. 이러한 구별은 결정이유의 수신인에 관한 견해에서 이원주의에 근거를 두고 있다.

 오늘날 결정은 언제 올바른 것으로 간주될 수 있는가? 라는 의미에서 법관의 결정은 언제 올바른가라는 이 책의 질문은 현대 법생활과 그 실무를 유념할 불가피성을 증명한다. 마치 경험적·심리학적 방법으로 결정을 내리는 법관의 마음속에서 일어나는 여러 과정의 전형적인 평균상이 얻어져야 하는 것이 아니라, 올바른 결정에 대한 질문에 대답함으로써 또한 결정이유의 올바른 수신인을 확고히 하기 위해서이다. 결정의 올바름을 위하여 제안된 공식에 따르면 (유형으로서) 실무에 있는 "법관"이 바로 이러한 올바른 수신인이며 사실상 그것이 또한 아마도 현대 판결의 성격과 논증과도 일치한다. 그러나 무엇에 대하여 설득하여야 하는가라는 것은 그 공식에 따르면 바로 이 수신인이 결정이 바로 예견가능하고 실무에서 한결같은 결정이게 결정하였을지도 모른다는 것이다. 그러므로 실무는 자기 자신에 의하여 정당화된다. 그렇게 결정된 올바름은 절대적인 올바름이어서는 안 되나 현대 실무에게, 즉 평균적인 법관들이 그렇게 간주되지는 않으나 방법적으로 관찰할 때 옳은 것으로 간주되는 올바름이다. 대답은 오늘날 학식 있는 직업법관이 존재한다는 사실과 함께 법적 확정성의 요구로부터 분명해진다.[14]

그러므로 결정이유는 정당하게 결정이, 결정에 대한 관점으로부터 관찰한다면, 예견가능하게 그러나 "납득이 되게", 심리학적으로가 아니라 법률실무의 의미에서 납득이 가게, 즉 다른 법관 또한 마찬가지로 결정했을 것처럼 내려졌다는 것에 대하여 설득하고자 한다. 그러

---

[14] 배심판결의 올바름에 대한 질문은 자명하게 고려되지 않는다. 배심판결은 그것이 법실무에서 선고되었다고 사람들이 말할 수 있는 결정이 아니다. 배심판결은 어떠한 논증도 필요로 하지 않으며, 사람들이 논증에서 불명료한 감정을 평가하고자 하지 않는 한, 또한 심지어는 논증할 수 있고자 하지도 않는다. 이 말 속에는 배심재판에 대한 비난이 들어 있어서는 안 된다. 이 말로써 설명되는 것은 다만 오늘날의 법관의 실무에 대한 방법론적 연구는 배심재판을 고려해서는 안 된다는 것이다. 배심재판이 어떠한 논증도 필요로 하지 않는다는 것은 논증이 무의미하다는 데 대한 증거는 아니다. 배심재판은, 그것이 (이념에 따라) 바로 국민 속에서 곧바로 설득력을 가지는 공명판을 찾을 수 있기 때문에, 사실상 논증을 필요로 하지 않는다.

나 결정이유는 결정이 입법자의 의사의 특수한 경우라는 것이나 결정이 정의이념에 일치한다는 것에 대하여 설득하려고 하지는 않는다. 이러한 양자가 결정이유 내에서 어떤 역할을 수행한다면 그것은 논증 내에서 단지 구성부분으로서만 그렇게 할 수 있다. 왜냐하면 법률로부터의 도출가능성이 이곳에서는 그렇게 명확하거나 또는 법감정이 매우 강렬하고 불가피하게 관철되기 때문에 그러한 것이 다른 법관의 경우에도 동일한 결정으로 인도할 것이다. 이로써 실정법은 자신이 있어야 할 분명한 자리를 지정받았다. 법률에 확실하게 포섭하는 것이 다른 법관 또한 마찬가지로 결정했으리라는 확신을 증명하는 가장 안전한 수단이기 때문에15) 법률의 명확한 내용과 관련하여 선고되는 결정은 항상 올바르다.

문제를 이렇게 해결함으로써 모든 종래의 "해석요소들"은 실무를 위하여 전혀 새로운 의미를 가지게 된다. "문화규범", 즉 거래와 법생활을 위하여 우리의 현재의 문화상태를 존중하는 데서 분명해지는 규범은 예를 들면 (마이어 M. E. Meyer에 의하여) 해석요소로 표현되었다.

---

15) 결정이 분명하게 실정법에서 도출되는 한, 사실상 실정법은 법적 확정성과 함께 올바른 결정에 이르는 가장 안전한 수단이다. 그렇기 때문에 법관이 "합법률적"인 결정에서 가지는 이해관계가 있고 모든 감정적인 판단기준들을 거부하는 것이 이해되고 또한 그러한 한에서 정당화된다. 그러나 그럼에도 불구하고 그 유추과정과 함께 전통적 해석이론을 계속해서 합법률적인 결정에 이르는 방법으로 간주하는 오해는 심리학적으로는 이해가 되지만 정당화되지는 않는다. 1911년 드레스덴 *Dresden*에서 개최된 제2차 독일법관대회에서 채택된 야스트로프 *Jastrow*의 다음과 같은 주요논지 참조. 법관은 언제나 오직 법률을 적용하고, 법률을 해석하고 경우에 따라서는 법률을 유추 적용하여야 하나, 의심스러운 법률의 경우에는 자유재량에 따라 결정해서는 안 된다.

또는 사람들은 (그리고 이것은 진부하게 반복되었다) 법감정이나 정법(正法)을 고려하면 법률의 흠결이 보완된다고 이야기하였다. 그렇게 해석요소로 표현되는 모든 것은 해석요소라는 단어를 통해서 그것이 어떤 법률의 내용을 확장하거나 변경하려 하다는 것을 이해하게 해준다. 그것은 전적으로 그것에 포섭되어야 할 어떤 법률과 관계를 맺고 스스로를 그 법률의 하인으로 간주한다. 그러나 그것이 실제로는 법률에 봉사하지 않는다는 것, 즉 법률 아래가 아니라 법률과 동격으로 존재한다는 것은 법률의 내용을 변경시키고 새로운 내용을 도입하는 그 권력으로부터 분명하다. 그러한 오류를 제안된 공식은 방지한다. 제안된 공식은 어떠한 요소들, 즉 법률의 내용, 정의감, 이익형량 또는 항상 거명되듯이 구체적인 경우에 결정적인 것이 무엇인가를 자체로서 결정되지 않은 채 놓아둔다. 그 공식은 마치 모든 것이 실정법률에 포섭하는 것일지도 모른다는 착각을 불러일으키려는 시도를 하지 않는다. 그 공식은 또한 판결 일반이 그 본질상 실정규범 또는 자유법적 규범에 포섭하는 것이며 그러한 규범에 따라 그 올바름의 판단기준이 확정되어야 한다는 생각도 방지한다. 실정법률, 문화규범, 민족의 도덕적 세계관은 우리들에게 더 이상 사람들이 어떤 결정이 올바르다고 말할 수 있기 전에 일군의 사건들이 그것에 적응되어야 하는, 그것에 포섭되어야 하는 확정되고 확고한 예식규정이 아니다. 그것들은 더 이상 법관이 그 속으로 사실을 쏟아붓는 그릇이 아니다. 그것들은 그것들의 정적과 안정성으로부터 걸어 나온다. 그것들은 (일반적으로 그렇게 결정되면 좋겠다는) 기대를 논증하기 위한 수단이 된다. 그것들은 동적으로 되어 새로운 기능을 하게 된다. 동력학이 정력학을 대체한다.

실정법에는 특수성이 남아 있다. 실정법은 법적 확정성의 요구를 받아들여 이러한 법적 확정성의 고려가 실정법률에도 불구하고 실정법률로부터의 이탈을 찬성하지 않는 경우에는 실정법으로부터의 이탈은 결정을 올바르지 못한 결정으로 만든다. 그러므로 사람들은 일반적으로 다음과 같이 말할 수 있다. (분명히) 합법률적인 결정은 올바른 결정이다. 그러나 이 명제에서 그러한 관점에서 "합법률성"을 올바름의 판단기준으로 주장하고 그리고 그렇게 함으로써 술어의 평등으로부터 주어의 평등을 추론하는 잘 알려진 논리적 오류를 범하는 오해가 시작되었다. 추론: 합법률적인 결정은 올바르므로 올바른 결정은 합법적이어야 한다는 것은 모든 코카서스인은 인간이므로 에스키모가 인간이어야 한다면 에스키모인은 코카서스이어야 한다는 것과 같은 단계에 있다. 정당하게 왜 합법률적인 결정이 올바른가에 대한 이유가(그로부터 결정의 올바름의 경계가 분명해진다) 탐색된 반면, 사람들은 합법률성과 올바름을 동일시하고 사람들이 올바르다고 간주하는 모든 결정이 합법률적이라는 증명을 시도하였다. 그러나 실정법률에 명확하게 포섭하는 것이 불가능한 경우에 발생하는 어려움은 그럼에도 불구하고 내려진 결정이 합법률적이라는 데 있는 것이 아니라 다음과 같은 것에, 즉 실정법률과의 관계가 분명치 않을수록,

아직까지 관습법이 되지 않은 또는 불명료한 법감정의 영향력이 클수록 그만큼 또한 결정이유와 집적된 결정이유의 논거가 결정적인 작용을 하는, 즉 다른 법관이 똑같이 결정했을 것이라는 확실성을 논증하려는 목적을 위해서 필수적인 것으로 된다는 데 있다. 그러므로 그러한 종류의 논거들은 그 본래의 의미에서 전혀 개연성이 없음에도 불구하고 실정법률에 포섭되어져야 한다는 것 또는 포섭은 최소한 법률을 확장시키거나 "자유로운" 법규범이나 타율적인 도덕규범의 도움을 빌려 가능하다는 것을 증명하고자 하지 않는다. 그러한 논거들은 오히려 다음과 같은 것을, 즉 결정이유에서 개진된 고려는 오늘날 그것이 법적 확정성에 근거를 부여하고 실무에서 일반적으로 그렇게 판단될 수도 있다는 의미에서 유효하다는 것을 입증하고자 한다. 그와 동시에 법전의 규정들과의 합리적인 관련으로부터 추론하는 것이 그러한 전체 실무를 지시하는 해석을 시사한다는 것을 아마도 유념하여야 할 것이다.

그것을 위해서 "다른 법관"과 연관이 있는 표현을 단지 바꿔 쓴 것에 지나지 않는 법적 확정성의 요구는 법관의 행위를 평가하는 기초로 관찰될 수 있다. 자신의 결정이 전체 법동료나 신분동료로부터 승인받을 것을 확신했던 중세배심원의 판결은 바로 이러한 이유에서 논증을 필요로 하지 않았다. 그러한 감정적인, 거의 몽유병 환자적인 법적 안정성은 현대의 복잡한 생활관계에 충분하지 않으며, 확실하고 분명한 관계가 급속히 변화하고 애매한 관계로 대체되는 경우 종료된다. 그렇게 되면 (벤담이 그렇게 했듯이) 법적 안정성의 요구를 가지고 법률에 대한 엄격한 구속, 법관을 "법률의 말을 하는 입"으로 전락시키는 것을 근거지우는 것, 비록 이러한 것이 "법률에 복종하는" 의미로 관찰될 수 있다 하더라도, 또한 더 이상 가능하지 않다. 순 논리적 법학을 창조하려는, 모든 구체적인 경우를 포괄하는 확실한 하위질서를 신속하고 확실하게 하는 것을 가능하게 했을지도 모르는 이론(理論)이 없는 명확한 개념들을 형성하려는 노력은 이러한 요구로부터 기인한 것이었다. 아주 오래된 법학이 고지식하게 법률의 문언에 집착하고 법률의 문언을 훼손하기보다 강렬하게 억지로 변호한 것은 그 위에서 객관성과 확실성이 지배하고 그리고 그러므로 사람들이 포기해서는 안 되는 지반을 (타율적인) 언어에서 찾았다고 믿은 법적 확정성의 본능에서 비롯된다. 이른바 논리적 해석방법이 실무에 기여하고자 하는 한, 그것은 전적으로 바로 위와 같은 것을 의미한다.[16] 그밖에도 다음과 같은 것이 실무를 위하여 특히 중요하다. 특

---

[16] Stölzel, Rechtslehre und Rechtsprechung, Berlin 1899, S. 57/8은 벤담-홀벡 Bentham-Hollweg이 젊은 교수였을 때 자신의 민사소송법강의를 시작할 때마다 습관적으로 했던 다음의 문장을 언급하고 있다. "우리 법률가는 우리의 노력의 주된 목표가 실천적이라는 것을 아마 결코 망각해서는 안 될 것이다. 이론은 주로 적용에서 단순한, 확실한 그리고 필요에 상응하는 법을 가지기 위해서 형성된다." - 그러나 논리적 해석 일반이 실제로 사용할 수 있는 결과를 목적으로 삼고자 한다면, "논리적" 해석에서 목적론적 관찰이 문제되어야 한다는 것은 이미 이야기되었다. 이곳에서는 특히 "법적" 구성, 목적관찰 그리고 "입법자"나 입법자의 "의사"의 구성이 매우 밀접한 관계를 가진다는 것을 매우 명백하게 보여주는 법익의 형법적 개념을 상기하는 것이 좋을 것이다. Eisler, Rechtsgut und Erfolg bei Beleidigung und Kreditgefährdung, Breslau 1911, 서장(序章) 참조.

정의 "해석" 방법이 지배하게 되면 그로써 법적 확정성의 요구는 커다란 부분 충족되고 그러한 해석을 충실히 따르는 결정이유는 올바른 결정이라는 것을 증명한다. 방법을 지배하는 것은 다른 법관도 결정이 예견 가능하게 되도록 똑같이 결정하리라는 가정을 정당화한다. 해석방법의 그러한 지배는 사실상의 힘이며, 형식적 법률의 내용과 마찬가지로 유효한 법적 견해를 만들어낸다. 이로써 해석과 법률기술의 관계는 분명하다. 법률기술에 관한 현대이론은 법률의 기초에 적용된 해석이론이다. 그것은 다른 측면에 대한 해석이다. 그것은 지배적 해석방법을 고려하는 법률로부터 관계를 관찰한다. 그것의 지배는, 예컨대 해석이 확실히 법률의 내용으로 확정할 그 무엇이 "그 자체 자명하다"는 이유로 법률에 수용되지 않는 경우, 법률기초 시 행해지는 고려에서 정점에 달한다. 마찬가지로 법적 확정성의 요구에서 출발하는 입법기관이 그것에 해석규칙을 고정시킨 특정인에 관한 법률을 직업상 적용하기를 알게 되자마자 그 입법기관은 이러한 방법을 처음부터 고려한다는 사실을 통하여 법적 확정성의 요구를 매우 간단하게 충족시킬 수 있게 될 것이다. 그곳에서 현재의 해석방법에 대한 합법적 비준과 그의 모든 결과를 보는 것은 커다란 잘못일 것이다. 입법기관(더 정확하게는 법률기초자)의 대응조치는 한결같은 그리고 특정의 실무를 가져오려는 실천적 노력의 표현일 뿐이다. 지배적 해석방법을 항상 고려하는 법률작성은 가장 용이하게 이러한 노력에 기여한다. 그렇기 때문에 법률은 오늘날 대부분 법률가에 의해 편집되며, 예컨대 몽테스키외 Montesquieu 나 벤담에게는 모든 합리적인 인간이 모든 법률의 전체 내용을 이해할 수 있어야 한다는 것이 철저하게 자명한 그 무엇인 반면에, 법률가에게만 원래 이해되기 쉽다. "법률은 섬세해도 된다. 즉 그것은 평균적 오성을 위하여 만들어진 것이다(그것이 물론 법률가일 수는 없다). 그리고 그것은 논리의 기술과 동일시 될 수는 없으나, 아마도 가장(家長)의 단순한 오성과 동일시 될 수는 있을 것이다"(Les loix ne doivent point être subtiles: elles sont faites pour des gens de médiocre entendement; elles ne sont point un art de logique, mais la raison simple d'un père de familles."[17] 반대의 현대적 방법을 통하여

---

[17] 12동판법을 '정확성의 표본'(modèle de précison)으로 칭찬하는 Esprit des Loix T. III. L. 29art. XIV. 또한 위에서 인용된 Hegel, Rechtsphilosophie, § 125 참조. - 흥미로운 것은 Endemann, D. J. Z. 1910, S. 22에 의하여 전달된 정신병을 이유로 한 이혼에 대한 심의 시에 한 다음과 같은 게브하르트 Gebhard의 발언이다. "다른 곳에서와 마찬가지로 이곳에서 우리에게 다음과 같은 것은 당연하였다. 해석이 장차 법률조문으로부터 무엇을 만들어낼지는 누구도 모른다." - 특히 슈탐페 Stampe는 법률가에 의해서 법률이 기초되는 것을 다음과 같이 격렬하게 반대하였다(Unsere Rechts- und Begriffsbildung, Greifswald 1907, S. 33/4). "우리는 이제 이러한 입법자의 의사가 또한 우리의 새로운 입법과 특히 민법전에서 대부분 확신에 찬 개념법학자를 기초자로 하기 때문에 사회적으로 사용할 수 있는 새로운 요소들이 거의 성장하지 않았다는 것을 추측할 수 있다." 예컨대 이러한 이야기와 샤인 Schein(Unsere Jurisprudenz und Rechtsphilosophie, Berlin 1889, S. 141)의 다음과 같은 발언이 비교될 수 있다. "그런데 우리는 이러한 방법으로 법전을 편찬하는 것(즉 법률가가 법률을 기초하는 것)을 잘못으로 간주하기는거녕 정반대로 매우 주의를 기울여 진제된 사실을 올바르게 평가하는 경우에 정의된 개념과 일치하고 그리고 그러므로 인간의 진단이 더 이상의 화를 불러일으키지 않는 한 장점으로 간주한다." 또는 입법은 "그것만이 문제되는 한 모든 의심을 배제하는 가능한 한 정확한 법률을 제정하도록 강제되었다"라

얻어지는 장점은 실천적인 해석을 통하여 희망되는 결과에 도달할 수 있는 개연성이 매우 크고 예컨대 올바르지 않은 해석방법이 가져올 실무상의 해악은 약화된다는 점이다. 그러한 것은 사실상의 결과, 아마도 또한 법률기초자의 의식적인 목적일 수 있을 것이며, 해석방법이나 실무의 방법의 "올바름"을 증명하는 데 어떤 방법론이 가지는 의미가 법률기초자에 의하여 실제로 승인되는 것은 아니다. 이성적인 법률기초자는 이제 지배적인 해석절차를 사실로 받아들이고 그가 개인적으로는 그러한 해석절차가 올바르지 않다는 확신을 하더라도 그러한 해석절차와 일치되게 기초할 것이다. 아마도 법률기초자는 그러한 해석절차가 옳다는 것을 믿을 수도 있다. 그러나 어쨌든 법률기초자에게 그러한 해석절차는 자신의 생각을 수행하는 수단으로서만 관심거리가 되고 법률기초자는 자신의 의도가 그러한 해석절차에 의하여 수포로 돌아갈 위험에 직면하는 경우에야 비로소 그러한 해석절차를 비판한다. 피아노용 가곡을 작곡하는 자는 훌륭한 가수와 훌륭한 피아노가 있는데 관심을 가진다. 그러나 그는 자신의 작업이 유효할 수 있도록 이러한 두 가지 필수적인 수단을 개혁하는 것으로 자신의 작업을 시작하지 않는다. 그것은 그 자체로서 다른 문제이다. 그러므로 또한 법률기초자도 있을 법한 자신의 해석자의 전문용어에 적응한다. 법률기

고 말하고 있는 S. 213. - 법률가와 비전문가 중 누가 법제사법위원회에 속하는 것이 더 좋을까라는 질문은 정치적인 질문이지 법적 질문이 아니라는 것은 자명하기 때문에 그러한 문제는 이 논문에서는 다루지 않는다.

초자는 아마도 민법전에서 어떤 학문적 체계와 연계하여 민법의 체계를 기초할지도 모른다. 그리고 그는 "기술적인" 표현을 사용한다. 이러한 모든 것은 어떤 해석방법을 방법적으로 정당화하는 데서 그런 것처럼 어떤 해석방법을 법적으로 정당화하는 데 아주 적은 의미도 없다. 왜냐하면 그러한 정당화의 기초에는 개별적 역사적 입법자라는 생각과 "입법자"는 구체적 인격이고 해석은 실제의 심리학적 의사내용을 매개하여야 한다는 오류가 놓여 있기 때문이다. 입법자는 생각할 수도 숙고할 수도 없으며 법률기초자와 법률해석자, 특히 실무에서 매일매일 법률을 적용해야 하는 자들만이 생각할 수도 숙고할 수도 있다는 것은 불가사의하게도 여전히 매우 이율배반적으로 들릴지도 모른다. 그러나 민법전을 기초한 자의 의사가 중요하지 않다는 것은 오늘날 아마도 일반적인 견해이다(만일 사람들이 이론과 실무의 모순을 말과 작품의 모순으로 이해한다면 적어도 이론적으로는). 그러나 민법의 기초자들은 민법전의 "정연(整然)한 기술"을, 민법전의 변함없는 법률적 용어를, "민법전과 그 부속법률들에서 법률용어라는 기술을 사용한 유명한 엄밀성"[18])을 창조해낸 바로 그 사람들이다. 그렇다면 이제 사람들은

---

18) Das Reichtsgericht, Entsch. in Ziv. Sach., Bd. 72, S. 332. Stammler, Richt. Recht, S. 259의 다음과 같은 문장은 방법론적으로 전적으로 명확하지 않다. "많은 경우에 자신의 원하는 것의 진정한 내용에 대한 입법자 자신의 표현에 의해서 더욱 커다란 안정성이 확대될 수 있다." - 물론 "고정된" 전문용어를 가정할 수 있다. 특히 현저한 예는 제184조에서 법적으로 정의되고 그곳에서 "동의"로 이해되었음에도 불구하고 제415조에서 "승낙"(Genehmigung)이란 단어를 사용한 것이다. Reichsger. Bd. 60, S. 495/6

민법전의 기초자들이 신중하고 정확한 사람들이었다는 것이 민법전의 해석을 위해서 어떤 의미를 갖는가를 쓸데없이 질문할 것이다. 그러나 민법전의 기초자들이 그러한 사람들이었다는 것은 해석자의 개인적인 지식일 뿐이다. 민법전의 해석을 위해서는 우선 학문적인 통찰 자체를 통해서 민법전이 고정된 전문용어를 가진다는 것이 규명되어야 한다. 그런 후에야 법이론은 고정된 전문용어에 신경을 써도 된다. 그러나 통일적인 전문용어는 그것이 가장 빠른 방법으로 법적 확정성에 도달함으로써 실무에 영향을 준다. 어떤 법률이 사용하는 언어의 안정성은 그 본질상 바로 법적 안정성이다.

도처에서 법적 확정성의 이러한 요구는 효과적인 힘으로 나타나고 그러한 요구는 완벽함을 위하여 '해답권'(jus respondendi)의 일종의 부활을 통해서(쿤체 Kuntze) 또는 상응하는 권한을 가진 법원을 통해서(최근에 차일러 Zeiler[19]) 법적 논쟁이 권위 있게 결정된다고 보고자 하는 노력들을 또한 언급할 필요가 있다. 출발점으로 삼은 요구의 효력을 암시하는 표현은 이제 그 요구가 사실상 효력을 가진다는 것이 그 요구가 올바르다는 데 대한 증거일 수도 있다는 것을 의미하지 않는다. 그러한 표현은 단지 법생활의 많은 현상들이 어떻게 자체적으로 설명되고 현대 실무의 판단기준을 발견하기 위한 방법적 출발점으로서 그 적합성을 증명하는가를 가리킬 뿐이다. 그러므로 사람들은 법적 확정성에

---

19) A. Zeiler, Ein Gerichtshof für bindende Gesetzesauslegung, München 1911.
　J. E. Kuntze, Über das jus respondendi in unserer Zeit, Leipzig 1858.

도달하는 수단(방금 "논리"라고 하다가, 방금 "구성"이라고 하고, 또 방금 "자유법적 규범"이라고 한다)을 목적 자체로 간주하고 그러한 수단을 수단적 지위를 고려하여 해석하고 방법적 관찰에서 실무와 일치하게 평가하는 것을 생각하지 않았다. 진정한 관계에 대한 이러한 오해가 또한 판단하는 사실이 법률에서 어떠한 방법으로도 전제되어 있지 않음에도 불구하고[20] 모든 법적 사건에 대하여 가능하면 성문법의 실정법률규정을 발견하려는 노력의, 그러므로 법관은 법률의 기능이고 그렇기 때문에 법률이 모든 책임을 진다는 견해의 기초를 이루고 있다. 그리고 이러한 견해는 충분히 거부되고 조롱의 대상이 되었다.[21] 그리고 그러한 오해의 실제 결과는 어떤 결정의 모든 예측가능성을 전적으로 배지한 것인데, 그곳에는 주목할 만한 역설이 들어 있다. 사람들이 법실무에 대하여 법률이 가지는 의미를 무시하고 표면상으로만 법률에 영원불변의 확실성을 부여함으로써 사실이해는 물론 법률의 "해석"에서 예견가능성과 확실성 대신 전적인 자의(恣意)와 일관성 없는 방법상실이 지배하게 되었다. 이와 같은 것은 심리학적으로 사실상 결정적인 심급, 법

---

[20] 그 안에 놓여 있는 자신의 책임을 법률에 전가하는 것이 가지는 심리학적 의미는 힐러 Hiller(das Recht über sich selbst, Heidelberg 1908, S. 29)에 의하여 정당하게 강조된 쾨스틀린 Köstlin(System des deutschen Strafrechts, 1855, S. 102, Anm. 5)의 문장에서 다음과 같이 이야기되고 있다. "자기 자신의 의견을 전혀 이야기하지 않기 위하여 실정법의 보루 뒤로 후퇴하는 것"을 대부분의 사람들은 매우 편리하게 생각한다.
[21] 마치 이미 극복된 견해를 다시 공격하는 듯한 인상을 피하기 위하여 Jhering, Scherz und Ernst(10), 특히 S. 63ff.의 상론을 언급해 둔다.

관의 주관적 법감정을 참조하라고 지시함으로써 제거되지 않는다는 것은 이미 언급되었다. 이러한 말에서 총괄된, 그러한 생각들이 법적 확정성을 정당화한다는 그러한 효력에 관한 생각들이 법관들에게 일반적일 경우에만 비로소 "법감정"은 판단에 결정적인 영향력을 행사하게 될 것이다. 그렇게 되면 진정한 결정이유는 "법적" 추론 아래 은닉되어 아마도 또한 "결정이유"의 말미에서나 부수적으로 언급되고, "그렇게 발견된" 결과는 또한 "법감정"과 일치할지도 모르며, 그와 동시에 비록 법감정에게는 법적 구성이 전혀 타율적인, 전혀 이질적인 언어일지라도 이러한 "법감정"에게는 때때로 법적 구성의 올바름이나 선택을 결정할 기능이 부여된다. 물론 그와 같은 경우에 "법감정"은 결정의 올바름을 증명한다. 그러나 그것은 법감정이 결정의 사실상의 (심리학적인) 이유이기 때문이 아니라 이러한 결정이 일반적으로 그렇게 내려질지도 모른다는 것이 실현되기 때문이다. 자주 주장되는 명제, 즉 많은 상이한 결정들이 법률로부터 도출되는 경우(그러므로 어려운 사례들에서는 거의 항상 그렇다) 법관은 자신의 법감정에 따라 그것들 중에서 선택하여야 한다는 명제는 그것이 보통 생각되는 것과는 전혀 다른 의미에서 옳다. 대부분 진술되듯이 무엇을 통해서도 어디서부터 이제 한꺼번에 법감정, "거래의 필요성", 예단(Rumpf, Gesetz und Richter, S. 132)이 엄습하는지를 설명할 수는 없다. 사람들은 전적인 "법률에의 구속"과 모든 결정은 법률로부터 정당화되어야 한다는 요청에 대한 자신의 견해를 진지하게 생각한다. 그리고 그렇게 되면 어디에도 "법감정"이 있을 자리는 없다. 또는 그러나 바로 법률 밖에도 실무에서는 또한 여전히 표준적인 것이 있다. 그렇지 않으면 "법감정"은 모순이 있거나 불확실한 경우에 표준적인, 결정적인 규정을 발견하는 것을 어디서 정당화하여야 할지를 이해할 수 없다. 이곳에서 제안된 결정의 올바름에 대한 공식의 경우에는 이러한 딜레마가 생기지 않는다. "법감정"은 그 속에 동시에 실무를 위하여 법감정의 의미가 가지는 한계가 놓여 있는 법적 확정성에 대한 수단으로 사용된다. 실무의 의미에서 올바름은 실무에서 적용되는 법으로부터만 도출된다. 실무의 의미에서 올바름은, 치텔만 Zitelmann(Archiv für die civ. Praxis 66, S. 449)이 법창조의 문제를 위해서 정식화한 표현을 사용한다면, 실무는 한결같이 결정에서 표준적인 명제들을 따른다는 것이 옳다고 확증된 것으로 가정될 때에만 주어지는 것이다. 일반적인 법적 확정성이라는 작품을 위해서 공동으로 작업하는 기능에서만 법감정은 실무를 위해서 의미를 가진다. 그러나 법감정은, 그 효력이 문제되는 한, 실정법에 뒤떨어지며, 올바름을 구성하는 기능을 가지지 않는다. 똑같은 이야기가 그 밖의 "초실정적인" 또는 자유법적인 규범들, 시대와 국민의 도덕적 세계관, 문화규범들 또는 사람들이 "거래의 필요성"으로부터 도출하려고 하는 명제들에 해당된다. 그러한 것들의 힘이 그러한 것들이 일반적으로 이러한 경우에 유효할 수도 있다는 확신을 창출하는 데 충분한 경우에는 그러한 것들은 결정의 올바름을 근거 지을 수 있다.

그러므로 그렇게 외부에서부터 실정법 안으로 유입하는 규범내용을 참조하라고 지시하는 이론들의 차이는 그 이론들이 자신이 사용하는 규범들의 의미를 (시간적으로 그리고 논리적으로) 결정보다 앞으로 이전시키고 법관은 그러한 규범들에 포섭하기 위해서 그러한 규범들에서 출발하여 그 결과 결정은 합"법률"적인 결정으로 남게 되고 이러한 합"법률"성이 올바름을 판단하는 기준으로 남게 된다는 점이다. 그러나 이곳에서 개진된 견해에 따르면 그 의미는 전혀 다른 영역에 있다. 법관은 결정이유로써 비로소 구체적 사건을 위하여 일반적인 결정을 창출하고자 한다. 그리고 법관의 결정이유는 처음으로 일반적인 확신으로 인도하여야 한다. 법관은 마치 포섭이 자신이 활동하는 궁극목적인 것과 같다는 의미에서 규범에 포섭하지 않는다. 하나의 규범에 (그것이 무엇이든 관계없다) 포섭하는 것은 더 이상 결정이유의 결론이자 목표가 아니라 법적 확정성에 도달하기 위한 수단이다. 그것에서 결정이 정당화되는 것은 (실정법률로서, 문화규범으로서 또는 자유법의 규범으로서) 결정 이전에 존재하는 것이 아니라 (실정법률, 문화규범 또는 자유법의 규범의 도움을 받아) 처음으로 실현되어야 한다. 결정을 내리는 법관이 명령에 따라 행동하는 것이 결정의 올바름을 구성하는 것이 아니라 결정이 법적 확정성의 명제를 충족한다는 것이 결정의 올바름을 구성한다. 법관이 거꾸로 의사나 명령을 살펴야 한다는 데서 출발해서는 안 된다. 법관은 오늘날 이 실정법들에서, 초실정적 규범들의 이러한 영향에서, 이러한 선결례들에서 법의 실무에 의하여 일반적으로 옳은 것으로 관찰될 수도 있다는 것을 평가하기 위하여 규범을 (즉 그 규범의 효력을) 수단으로 사용한다.

평가하기 위하여 라는 말은 주로 오성활동, 지적 과정이 문제된다는 것이다. 법관은 자신의 법감정을 가지고 매우 강력하게 결과에 참여하고 있어도 된다.[22] 법관은 본래 당사자로서 평가하지 않는다. 법관은 가치관계들을 그 시제의 생생함 속에서 조사한다. 물론 문제되는 평가를 스스로 경험해보지 않은 사람은 그 누구도 가치관계를 발전시킬 수 없고 가치관계의 효력과 범위를 토론할 수 없다는 것은 심리학적 사실이다. 그러한 한에서 여태껏 매우 강조되어온 법관의 "인격"이 의미를 가진다. 생활경험, 생활지식, 실무지식 없이는 법관은 바로 자신이 사용하는 평가를 알지 못한다. 그러나 더 나아가서 법관에게 자신의, 주관적인 "개인적" 평가를 주장하는 것을 목표로 하는 활동을 할 권한이 있다고 생각하고, 판결의 논증에서 "주의주의적인" 과정을 강조하며 그리고 그로부터 중요한 법관의 인격의 필요성을 도출한다면 그것은 인격적 평가를 가치의 사용과 설명과 혼동하는 데서 생길 수도 있는 오해일 것이다. 법감정의 불분명한 감탄사가 논증을 형성하지는 않는다. 법관은 자

---

[22] "그의 법적 본능으로부터 특정 방향에서 법동료가 다른 법동료에 대하여 특정 방식으로 행동하여야 한다고 믿고 결정하는 법관은, 비록 '인식자의 충분한 이유'(ratio sufficiens cognoscendi)가 판결로 확정된 개념들로부터 확인될 수 없다 하더라도, 판결을 내린다." Jung, Positives Rrecht, S. 12, Anm. 1. - Max Weber, Krit. Studien auf dem Gebiet der kulturwissenschaftlichen Logik, im Arch. für Sozialwissensch. N. F. 4, S. 181 참조.

신의 "사건에 관한 감각"을 원용할 수 없다. 모든 심리
적 활동은 자명하게 주의주의적 과정에 근거를 두고,
모든 결정은 평가와 의욕에 근거를 둔다. 이는 최근 몇
년 사이에 수없이 강조되고 반복되었다. 그러나 그 말
로써 결정의 올바름에 대한 질문에 답하기 위하여 결
정될 수 있는 것이 무엇인가? 법관의 마음속에서 어떤
심리적 요소들이 유효한가는 심리학자와 관계있는 문
제이다. 어떤 심리학적 분석도 올바름의 판단기준을 제
공할 수 없다. - 아마도 이러한 오류는 다음과 같은 것
에서 (심리학적으로) 설명될 수 있을 것이다. 즉 사람
들은 "지적 활동"을 곧바로 "실정법률에 포섭하는 것"
과 동일시하였다(그러한 혼동의 분명한 예는 뷜로브 O.
Bülow[23])에게서 볼 수 있다). 사람들이 이제 법관은 단

---

[23] Gesetz und Richteramt, Leipzig 1885, S. 6: 법관의 판결은 "단순한 사고활동 이상의 것이고, 단순한 포섭 이상의 것"이며, 하나의 법명령을 "포함하고 의미한다."(Rumpf, Volk und Recht, Oldenburg o. J. (1910), S. 22: "법관은 그저 포섭하지 않는다. 그는 또한 가치판단을 내린다." 참조). 이와 동시에 뷜로브에 반대하여 법관의 판결이 가지는 기판력의 사실이나 뷜로브가 끊임없이 참조하라고 지시하는 기판력이 발생할 가능성은 법관의 활동이 가지는 의미와 분류를 위해서는 (마치 "소란스러운 시장 한가운데 있는" 무대와 같이, Rumpf, a. a. O., 94) 전혀 중요하지 않다는 것을 언급해둔다. 판결의 논리적 품위도 법실무의 방법론적 연구도 실정법이 사실로서의 이러한 판결에 법적 결과를 연결한다는 사실에 의하여 영향을 받지 않는다. 법관이 그러한 결과를 알고 있다는 것은 심리학적으로는 의미가 있을 수 있으나 그러한 것은 여기에 속하지 않는다. - 판례의 법형성력을 강조함에도 불구하고 법률에의 구속을 엄격하게 고집하는 뷜로브(a. a. O., S. 23/4)가 독일에 대하여 모든 자의(恣意)가 방지되어야 한다는 것을 관철한 것은 주목할 만하다. 물론 그것은 필요하다. 그러나 그렇기 때문에 올바름의 판단기준이 "합법률성" 속에 존재해야 한다면 사람들은 문언에 엄격하게 구속되어야 한다는 벤담의 입장에 찬성하거나 아니면 "법률에 구속"이나 "합법률성"에서 이해되는 것은 더 이상 그 자체 내에 엄격한 확실성과 모든 자

순히 법률에 포섭하는 것과는 전혀 다른 것을 한다는 것을 알게 되었을 때, 사람들은 아주 오래된 지성과 의지를 비교하는 것의 희생물이 되었고 "주의주의적인" 방법을 만들어 내었으며, 여전히 표현된 주관주의만을 타당한 것으로 간주하여 그 결과 사람들은 법관도 똑같이 "뚜렷한 특색을 가진 인격"이어야 한다는 위안을 알게 되었다. "법률에 포섭한다"는 오류를 포기함으로써 이러한 혼동도 하지 않게 된다. 어떤 결정의 올바름을 판단할 기준은 법관의 주관성에 있지 않다. 그 판단기준은 전적으로 개인으로서의 법관에게 달려 있다. 결정이 올바른가 여부를 결정하는 것은 실무 자신이다. 실무는 자신의 특별한 판단기준을 갖고 있다. 법관의 결정은 다른 법관도 똑같이 결정하는 경우에 올바르다는 표현은 그러한 판단기준과 일치한다.

그러나 이로써 개별적인 법관도 전체 법관도 입법자로 고양(高揚)되지는 않았으며, 또한 어떤 실정법률도 규정하지 않은 사건이 결정되는 경우라 하더라도 사정은 마찬가지이다. 사람들이 법관에게 의심스럽거나 법률에 흠결이 있는 경우에는 법관은 자신을 입법자로 생각하고 그 자신이 입법자라면 그가 결정하리라고 생각하는 바에 따라 결정하라고 말한다면 "입법자"란 단어를 그렇게 사용하는 것은 이해를 돕는 원리로서의 의미만을 가진다.

의의 배제 중 어떤 것도 가지지 않는다. - 라이헬 *Reichel*은 D. Richterzeitung II, S. 465에서 법학에서 정적주의의 靜寂主義的(역사적), 실증주의적, 형식주의적 그리고 주지주의적 조류를 구별하고 주지주의적 조류에 대하여 그것은 법관을 단순한 "포섭자동기계"로 간주한다고 말하고 있다.

한 결정의 올바름에 대한 질문은 법관의 활동을 국법적(헌법적)으로 판단하는 것과는 아무런 관계가 없다. 법관은 입법자도, 법률의 입도 아니다. 진실은 또한 예컨대 당연히 이곳에 존재할 수 없는 인기 있는 "중용"에 있는 것도 아니다. 바로 자주 반복되는 입법자와 법관의 병치(竝置)는 방법론적 불명료성 때문에 얼마나 올바른 것과 올바르지 않은 것을 혼동하게 되는가에 대한 명확한 예를 제공한다.24) 사람들은 한때 "입법자"

---

24) Bülow, Gesetz und Richteramt, 1885 이후에야 비로소 사람들이 법관에게 "입법자의" 활동을 인정한 것은 아니다. 예컨대 Jordan, Bemerkungen über den Gerichtsgebrauch, dabey auch über den Gang der Rechtsbildung und die Befugnisse der Gerichte, Arch. f. d. civ. Praxis 8(1825), S. 191ff. 많은 주목할만한 그리고 가끔 수년 내에 새롭게 개진된 견해들을 포함하고 있는(예컨대 S. 208, S. 295) 논문 또는 Retslag, Apologie der Jurisprudenz 1848, S. 25(법관은 개별적인 경우들에서는 입법자이다. 법관은 입법자의 작업을 계속한다) 또는 Adickes, Zur Lehre von den Rechtsquellen, 1872, S. 11("그러므로 법관은 입법자의 권한이 있다") 참조. 크라우스 *Kraus*(Grünhut XXXII, S. 629는 다음과 같은 아리스토텔레스의 표현을 인용하였다. "입법자에게 사안이 제출될 경우 입법자가 규정하는 것, 입법자가 알았더라면 입법자가 결정했을 것" - 최근에 Börngen, Intern. Wochenschr. 1911, S. 874와 Löffler, Österr. Z. f. Strafr. II, S. 524는 "입법자"를 사용한다. 후자는 칸토로비치의 강연 "Rechtswissenschaft und Soziologie"를 비평하면서 오스트리아 민법전에 대한 주석(I, S. 37)에서 다음 문장을 인용하고 있다. "그러한 경우에 법관은 시종일관된 입법자가 결정했을 것처럼, 이러한 경우에 생각했을 것처럼 결정해야 한다." - 또한 "법창조적 재판"과 "법관-법"에 대하여도 언급하고 있는 키쓰 *Geza Kiss*(im Arch. f. Rechts- u. Wirtschaftsphil. III., S. 547. 그곳에 인용된 문헌은 이곳에서 참조될 수 있다)는 실정법이 실무에 불충분하다는 것으로부터 예컨대 법관의 "입법자적" 지위를 도출하고 있다. 법관은 입법자가 아니므로 법관은 실정법률만을 존중해도 된다는 정반대의 결론은 예컨대 Pachmann, a. a. O., S. 64에게서 볼 수 있다(많은 언급에서 제국재판소를 제외하고, 이 책 말미에 있는 주해4 참조). - 빌로브의 책에 대한 아이젤 *Eisel*(Arch. f. d. civ. Praxis 69, S. 289, Anm. 15)의 비평에서 다음과 같은 이야기는 법창조에 대한 관찰과 법실무에 특수한 방법과 판단기준을 발견하려는 노력

에게만 실정법률 속에 포함된 동기들을 무시할 수 있도록 하고자 하였다. 그리고 "법률에 구속되는" 법관

을 혼동하고 있음이 분명하다. "모든 국민들에게서 법관직이 법형성에 주로 참여해왔다는 것을 아마도 누구도 의심하지 않을 것이다. 불확실한 것은 우리가 그와 동시에 '특수한'(sui generis) 법원과 관계가 있는가 여부이다. 이제 우리는 의심의 여지없이 – 물론 언제나 존중되는 것은 아니지만 - "법을", 사람들이 "법원"(法源)을 이야기하는 경우", 구체적인 사건에서 실현된 법이 아니라 '추상적인'(in abstracto) 법으로 이해한다. 그러한 추상적인 법을 판결은 지속적인 반복을 통해서만 생산하고 그리고 그렇게 함으로써 판결은 법관습의 종(種 Genus)에 속한다. … 이러한 견해에서 법관의 법생산의 의미가 오해되고 있다(Bülow, S. 19, 44)는 것을 나는 이해할 수 없다." 오해되고 있는 것은 실정법과 사실상의 법의 대립도 새로운 법을 창조하는 데 있어서 법실무가 가지는 (역사적, 심리학적, 사회학적) 의미도 아니라, 아마도 실무에게는 오직 "구체적인 사건에서만 실현된 법"이 존재하고 (비록 뷜로브가 그러한 것을 생각하지는 않았지만) 실무에서 내려진 결정의 올바름이 문제된다는 상황이 가지는 의미일 것이다. 실무의 방법론적 연구는 법관은 실정법률에 대하여 필연적으로 생산적이라는 사실을 주의하여야 한다. 그러나 사람들이 이러한 생산성을 곧바로 (전혀 다른 것인) 새로운 법의 생산으로 간주했기 때문에 양자를 엄격하게 구별하지 않고 혼동하였다. 또한 법관은 창조적이나 법을 창조하지는 않는다는 Hellwig, Ziv. Proz. Recht II, S. 163ff.이 주장한 반대명제도, 헬빅 *Hellwig*이 판결의 기판력이라는 소송상의 사실을 원용하고 있기 때문에(Bülow, a. a. O., S. 7 참조), 그 논증을 위해서 여기서 진술된 것과 혼동되어서는 안 된다. -

"입법자-법관"이라는 주제에 대한 수많은 언급들 중에서 이 책에서 인용된 것으로 특히 언급되어야 할 것은 대부분의 결정들의 (실정법률로부터 보면) 비합법률성의 사실을 명확하게 설명하고 있는 Danz, Die Auslegung der Rechtsgeschäfte, Jena 1911; D. J. Z. 1911, S. 565와 Recht, X., S. 6770f.에 있는 뷜로브의 논문 및 Peritsch, D. J. Z. 1910, S. 34의 다음과 같은 문장이다. "법관이 법전의 원칙들을 적용함에 있어 국민의 법생활의 변화와 부침(浮沈)을 따라갈 수 있도록 법관에게 조문들 사이에서 자유롭게 움직일 수 있는 충분한 활동의 여지를 줄 수 있게 법전을 편집하는 것은 분명히 사법상의 관계를 규율하는 것이 오직 입법자의 권한에만 속할 뿐만 아니라, 즉 개인적으로 특정된 사람들이 그들의 입법자적 작업을 반드시 합리적으로 선행해야 할 뿐만 아니라 또한 그러한 규율이 일차적으로 국민 대중 속에서 진행되는 느린 발전의 결과이기도 한 원칙을 세우는 것을 의미한다."

이 그러한 동기들을 존중할 수 없게 되자 사람들은 법관 자신의 "자의"를 추방하고자 하기 보다는 오히려 그러한 동기들을 "실정법률" 속으로 끌고 들어왔다. 법관은 "법정책적" 고려를 시도해서도 안 되고 유효하게 해서도 안 된다. 비록 해석을 통해서 비로소 그렇기는 하지만 법관에게 모든 것은 확정되어 있기 때문에 법관은 그러한 고려에 '근접할 기회'(occasio proxima)를 경계하여야 한다. 사람들이 사실상의 어려움을 깨닫고 이러한 견해가 법실무와 공공연하게 모순된다는 사실을 알게 되었을 때(가치와 사실 간의 모순이 문제될 뿐만 아니라 또한 법과 실무에서 전혀 상이한 내용이 문제되기 때문에), 사람들은 저 입법자-법관이라는 반대명제를 차용하여 다음과 같은 말로써 자신들의 심중을 표현하였다. 법관은 어느 정도 입법자의 기능을 가지며, 법관의 활동은 "입법자와 유사한" 활동이다. 이러한 말로써 해명된 것은 아무것도 없다. 사람들은 바로 다음과 같은 것을 확인하고자 하였을 뿐이다. 사람들은 실무에서 "실정법"의 내용으로 충분하지 않다. 그리고 사실 이 말은 다음과 같은 뜻이다. "합법률성"은 더 이상 결정의 올바름을 판단하는 기준이 아니다. 역사적으로 제약된 그리고 절반만 진리인 입법자-법관이라는 반대명제 하에서 사람들은 법관을 "그런 까닭에" 입법자라고 불렀다. 또는 그러나 역으로 사람들은 법관은 바로 입법자가 아니기 때문에 다른 것이 아닌 실정법만을 참작해도 된다는 것을 입증하였다. 후자와 마찬가지로 전자도 잘못된 것이다. 입법자와 법관을 비교하는 것은 실질적 정의와 형식적 정의, 더 나아가서는 사회학과 개념법학을 비교하는 것과 얽혀 있다. 이 질문에서 방법적 명료성은 법실무가 특히 법이론과 법이론의 방법에 대해서 독자적인 올바름을 판단하는 자신의 판단기준을 가질 때에야 비로소 획득된다. 법관은 입법자가 아니다. 그러나 이러한 명제로부터는 법관에게는 특정의 방법을 통하여 매개되는 법률내용 밖에 존재하지 않는다는 것에 찬성할 그 무엇도 결론되지 않는다. 오히려 그로부터는 다음과 같은 결론이 나온다. 그것은 그에 따라 법관이 내리는 결정의 올바름이 결정되는 법관의 주관성 밖에 위치하는 객관적인 판단기준들이다. 마찬가지로 또한 실정법에 포함된 내용과는 다른 내용이 법관에게 사실상의 의미를 가진다는 사실로부터도 법관이 입법자의 지위를 가진다는 결론이 나오지 않는다. 법관은 법을 만들어내지 않고 법을 원용한다.[25] 법관은 법적 확정성이라는 명제의 지배를 받고 있다. 비록 법관이 비로소 결정에 의하여 법적 확정성의 논거를 제시한다 하더라도(아마도 여러 결정이 동일하게 훌륭하게 논거가 제시될 수 있는 경우에) 법관은 그러한 일을 입법자나 자주적인 심급으로서가 아니라 그 번영과 인력이 그로부터 독립하여 있는 공장에서 함께 일하고 있는 개인으로서 그렇게 하고 있는 것이다.

---

[25] Kierulff, Theorie des Gem. Zivrechts, Altona 1839, S. 44 각주는 "개별적인 지식과 의욕은 법이 아니다"라고 말하고 있다(그는 "국가에 비하여 개인이 가지는 사소한 개별성"을 근거로 댄다).

그러한 경우들을 생각할 수 있다. 법률의 "원천"에 대한 관계에서 법률의 내용을 설명하고 해석함에 있어서와 마찬가지로 법관의 결정에 대해서도 한편에서는 그 극점(極點, 終點)이 어떤 결정을 내리든 관계없이 도대체 결정을 내리는 것만이 전적으로 문제되는 경우인 선(線)이 존재한다. 다른 극점은 법률의 명확한 문언이나 법의식과 일치하는 실무가 결정의 내용을 오해의 여지없이 결정하는 경우에 존재한다. 결정되어 있음에 대하여 결정의 내용이 가지는 상대적 무관심에 대한 매우 많은 예가 이른바 형식적 법률들에서 발견되고 이러한 관찰로부터 비로소 제국재판소가 법관의 책임에 관한 견해에서 예컨대 민법전의 해석과 토지등기부법의 해석에서 그렇지 않으면 거의 설명할 수 없는 구별을 하는 것이 정당화되는 것으로 생각된다. 민법전을 적용함에 있어 법관은 실무와 문헌을 유념할 수 있다.26) 그가 움직일 수 있는 공간은 제국재판소(또는 프로이센의 경우 고등법원)가 어떤 문제를 결정한 경우에는 이미 의심이 근거 없다고 선언되는27) 토지등기부법을 적용하는 경우에 비하여 훨씬 넓다. 그러나 실체법상의 문제에 대한 다음과 같은 예를 들어보자. 예컨대 어음액이 3,000마르크에서 30,000마르크로 완전히 바뀌듯이 어음의 중요한 구성부분이 변화하여 법조문이 "3"에서 "30"으로 개정되는 경우 사실이 변동하기 이전에

선결례

---

26) Entscheidungen des Reichsgerichts in Zivilsachen, Bd. 59, S. 388. Jur. Woch. 1906, S. 53/4.
27) Jur. Woch. 1906, S. 134.

어음에 서명한 자는 3,000마르크를 한도로 책임을 지는가 아니면 (법개정을 이유로) 전적으로 책임을 지지 않는가라는 질문이 제기될 수 있다. 이 질문에 대하여 제국고등상사재판소(결정집 Bd. 23, S. 340)는 다음과 같이 대답하였다. 이제 어음은 30,000마르크이다. 3,000마르크였던 어음은 이제 더 이상 존재하지 않는다. 어음의 경우가 그러하듯이 순 형식적 증권의 개별적 확실성이 그 내용으로서 특정 액수의 표현을 요구하는 경우 30,000마르크가 표시된 어음은 비록 30,000이란 표현에 3,000이 포함되어 있다 하더라도 3,000으로 표시된 어음과 마찬가지로 다른 어음이다. 비록 수학적으로 3,000이 30,000에 포함되어 있다 하더라도 3,000이란 표현은 더 이상 존재하지 않는다. 3,000을 지우고 30,000으로 다시 쓰건, 0을 보태건 그것은 어떠한 차이도 만들 수 없다. 그러므로 이전에 어음에 서명한 자는 더 이상 의무가 없다. 예컨대 슈타웁 Staub, 슈트란츠 Stranz 그리고 베른슈타인 Bernstein 같은 탁월한 실무가들이 이러한 견해에 동의하였다. 그에 반하여 데른부르크 Dernburg와 같은 실무적인 통찰력을 가진 사람이 그 견해에 찬성하고 있는 제국재판소(결정집 Bd. 8, S. 42와 Bd. 54, S. 386)는 그러한 견해를 순 형식적 관찰방법을 과장한 것으로 표현하고 다음과 같이 결정하였다. 만일 사람들이 생각으로든 실제로든 부가, 그러므로 여기서는 0과 "dreißig(30)"에서 "ßig"(10)라는 접미사를 제거하여 어음을 다시 원래의 상태로 돌려놓을 수 있다면 원래의 텍스트는 영향을 받지 않는다. 그에 반하여 숫자에 변경을 가한다면, 예컨대

"3"을 "8"로 완전히 바꾼다면 이전의 내용은 "다시 소생할 수 없다." 그때에는 이전의 구속력은 사라진다. 어느 누구도 이러한 논증과 이러한 구별을 이론의 여지가 없다고 부르지는 않을 것이다. 제국재판소가 제기하고 있는 형식적 관찰방법의 "과장"이라는 항변에 대하여 그 상대방은 이미 언급된 어음의 형식성을 참조하라고 지시할 것이다. 그리고 이전의 텍스트가 영향을 받는가 받지 않는가를 구별하는 데 대해서 그 상대방은 어음의 본질에 속하는 어음의 액수는 "유효한 구성부분과 유효하지 않은 구성부분"으로 분리될 수 없고, 그렇게 분리하는 것은 서류화된 증권 이론의 모든 기본규칙에 모순될 것(Lehmann, D. J. Z. 04, S. 694)이라고 진술할 것이다. 끝으로 레바인 Rehbein(Kommentar zur Wechselordnung, 8. Aufl. 1908, S. 105/6)은 제국재판소에 반대하는 견해를 표명하고 제국재판소의 견해는 "스스로 정당화된다."고 진술하고 있다. 이제 사실상 어떤 방법으로 어떤 견해나 다른 견해에 찬성하는 불가피한 이유나 또한 결정적인 유용성고려나 합목적성고려가 제시되는가는 통찰되지 않는다. 그러나 그럼에도 불구하고 결정은 내려져야 하며, 결정이 이러저러한 방법으로 내려지는 것보다 어떻게 이 문제가 결정되는가를 사람들이 아는 것이 더 중요하다. 그것은 그 속에서 선결례가 법관의 결정을 평가하는 데 결정적인 영향력을 가지는 경우들이다. 경험이 있고 철저하게 자주적인 법관이 심의에서 그러한 종류의 제국재판소결정들을 어떻게 사용하는가를 일찍이 관찰할 기회를 가졌던 사람은 그 속에서 올바른 결정을 위하여 제안된 공식이 사실상 효력을 가진다는 데 대한 예증을 발견할 것이다. 대부분 근거를 상론하지 않더라도 이곳에서도 지적인 법관이 선결례를 인용하는 안전성은 예컨대 종업원의 임금 중 1,500마르크를 상회하는 액수는 종업원의 처에게 귀속되도록 하고 그렇게 함으로써 손해를 입은 채권자들에 의하여 괴롭힘을 당하지 않도록 한 고용주와 종업원 사이의 합의에 대한 제국재판소의 결정들이 경험한 논증방법과 주목할 만하게 대립하고 있다. 이 결정들에서는[28] 주의해야 할 점으로 그러한 합의를 한 경우 임금 중 1,500마르크를 상회하는 액수는 도대체 종업원의 재산이 되지 않는다는 순 법적 고려 외에도 또한 종업원이 자신의 가족에 대하여 가지는 그리고 그것으로써 그러한 법률행위의 비윤리적 성격이 부인되어서는 안 되는 의무에 대한 암시가 발견된다. - 사람들은 보통 상급심의 결정이 가지는 "학문적 가치"는 오직 그 의미만을 정당화하며, 구속력을 가지는 선결례는 없다[29]고 말한다.

---

[28] Bd. 69, S. 59ff. Becker, im Rhein. Archiv f. Zivil- und Strafrecht, Bd. 7, N. F. S. 105ff.는 이 결정들을 총괄하고 제국재판소의 입장에 반대하여 제출된 논거들을 설명하고 있다.

[29] 브린츠가 법원에 관한 아디케스의 책(Krti. Vierteljahrssch. 15, S. 162)에 대한 비평에서 아디케스가 "법에서 실정성의 의미에 대하여 건전한 감각"을 가지고 있다는 징표를 아디케가 관습법의 권위를 오래 지속된 관행에서 탐지하고 "정의의 요구로서의 선결례들에 종속시킬 것, 즉 그렇게 함으로써 아마도 모든 것이 동일한 척도로써 평가될 것"을 주장하는 데서 보고 있는 것은 주목할 가치가 있다. 또한 후에 아디케스는 마찬가지로 동일한 사건은 동일하게 취급하여야 한다는 관점에서 선결례의 구속력을 요구하였다(Stellung und Tätigkeit des Richters, Dresden 1906, S. 13). 실무의 법이 존재하며, 한번 적용된 명제는 "한

이 명제는 방법론적으로 올바르지도 않고 실제로 효력을 가지지도 않는다. 결정이유의 내용들이 일반적으로 결정을 내려야 할 필요성 때문에 후퇴하는 그리고 그러한 경우에 결정에서 결정이유가 상대적으로 중요하지 않게 되는 사례들에서 제국재판소의 권위는 추상적으로 결정되어 있음이 가지는 직접적 관계에서 그 결정을 평가하는 데 있어 결정적이다. 이제 모든 결정은 추상적 결정의 이러한 동기를 자체 내에 포함하고 있으므로 이로써 선결례의 문제를 이론적으로 오해의 여지없게 판단할 수 있게 되었다. 어떤 의문이 선결정을 통해서 대답되어 있고 어떤 법관이 동일한 의문에 대하여 결정을 내려야 하는 경우 다른 법관이 어떻게 결정할 것인가를 조사함에 있어 선결례는 특별한 동기로서 "학문적 가치"와는 전혀 관계가 없는 의미를 가진다. 결정이 가지는 선결례적 효력은 법적 확실성의 관점으로부터 판단되어야 하고 그것은 결정에서 내용적 무차별성의 요소가 가지는 기능이다. 이러한 슬로건은

사람에게 정당한 것(recht)은 다른 사람에게 공정하다(billig)"라는 격언에 따라 법이 된다는 퇼스(Thöls)(Einleitung § 54)의 견해는 법창조와 관계되어 있으나, 결정과 결정의 판단기준을 평가하는 데도 적용될 수 있다.
이러한 맥락에서 중요한 것은 독일에서 선례추정체계를 인정하는 사람들의 숫자가 점점 더 증가하고 있고 그와 동시에 사법행정의 입장표명이 특히 흥미롭다는 것을 확인하고 있는 Mendelssohn Bartholdy, Rhein. Z. f. Ziv. - und Proz.-Recht IV, S. 131의 보고는 중요하다. 그와 동시에 Jäger, Bayr. Z. 7, S. 77f.는 주최고법원에 부과된 "바이에른 주고등법원의 판결을 감독할" 과제를 보고하고 있다. 또한 Neukamp, Über das case law, Arch. f. bürgerl. Recht, 12, S. 162f.도 참조. 그러나 노이캄프는 정규법과 비교할 때 사례법의 후퇴를 보고 있다.

항상 결정의 올바름에만 해당된다는 것을 주의하여야 한다. 선결례는 구속력을 가진다고 말하는 것은 마치 결정의 "합법률성"이 결정의 올바름을 판단하는 기준이고 모든 것이 법관에 대한 명령이 되도록 법관을 법률과 이곳에서 선결례에 의하여 확정된 내용에 구속시키는 것이 문제된다는 오래된 잘못을 암시할지도 모른다. - 또한 선결정의 강력한 암시적 효력도 관찰되지 않는다. 그러한 암시적 효력은 선결정의 사실적인, 심리학적인 효력에 해당되며 결정 자체의 올바름과는 전혀 관계가 없다. 법적 확정성의 요청으로부터 선결례의 의미가 가지는 이유와 한계가 결론되며, 그러한 이유와 한계는 결정을 위하여 관찰되어야 할 내용이 다른 법관도 똑같이 결정할 것이라는 가정을 정당화할 수 없는 경우에는 중요하게 된다.

이러한 맥락에서 특히 형량을 산정하여 서서히 특정의 관습을 형성하는 법관의 결정이 언급되어야 한다. 형법의 근본문제와 형벌의 본질과 목적과 연계된 모든 문제에 관한 철저한 명확성 없이는 이론적으로 개별적인 사례에서 이론의 여지없는 형량의 양정에 접근하기는 불가능하며, 그러한 명확성이 있다 하더라도 이론의 여지없는 형량의 산정에 접근하는 것은 전적으로 커다란 한계 내에서만 가능하다. 모든 형량의 산정에는 많은 이질적인 고려들이 동시에 문제가 되며, 개별적인 고려들은 그 자체 독자저으로는 금고형의 시간을 날까지 정확하게 결정할 수 없을 것이다. 왜 자신이 형벌로서 1년 1일이 아니라 1년의 금고형을 확정하는지를 알고자 하는 법관에게 일반예방과 특별예방의 제 원칙을 참조하라고 지시하는 것은 단순히 그가 최선의 것을 지키라는 것을 의미할 뿐이다. 그러한 개괄적인 슬로건을 가지고는 아무것도 설명되지 않는다. (그러므로 "그러한 경우에 일반적으로" 인식의 범위는 어디까지인가 라는 질문은 철저하게 정당하다.)30) 물론 그러한 실무는 예컨대 상호의무부담의 구속력에 관한 방금 인용된 예에서 제국재판소의 실무가 가지는 의미를 가질 수 없다. 그러나 어떤 법관이 그러한 실무에 찬성하는 것은 단순한 모방 이상의 것, 나태본능 또는 고집본능 이상의 것이다. 그러한 실무는 논리 필연적으로 통례를 초과하는 형벌은 특히 이유가 제시되어야 한다는 결론에 이를 수 있다. 그러므로 또한 이러한 과형의 경우에도 다른 법관이 어떻게 결정할 것인가라는 관점이 지도적 관점인가? 또한 이곳에서도 특정 영역 내에서 일반적으로 결정을 내려야 할 필요성만이 지배하는 그러한 경우에는 명백하게 정의로운 형벌을 규정하려는 노력을 거의 언급하지 못하도록 하는 법적 확정성 쪽으로의 경향이 증명된다. 또한 형량산정의 이러한 문제에 있어서도 그 내용이 상대적으로 중요하지 않은 법률규정 쪽으로 상응하는 것을 형성하는 사례들이 문제된다. 모든 그러한 사례들의 특수성은 그러한 사례들에 있어서 "다른 법

---

30) 클레 *Klee*는 배심판결과 배심판결의 금전형에 대한 제2차 독일법관대회에서 행한 그의 강연(D. R. Z. III, S. 661)에서 다음과 같이 말하고 있다. "그것은 실무에서 형성된 '양형표에 따른' 형벌이다." "모든 사람이 특정한 범죄의 경우에 개별 법원들에서 특정한 척도가 구성되어 있다는 것을 알고 있다."

관'에 대한 질문은 어떤 고려들이 다른 법관에게 표준적일 것인가라는 의미를 가지는 것이 아니라 사람들이 지금까지 어떤 (내용적으로 중요하지 않은) 결과에 합의하였는가라는 의미를 가진다는 점이다. 그러나 아직까지 어떤 "실무"도 형성되어 있지 않다면, - 내용의 중요성과는 무관하게 단지 결정하는 것만이 문제되는 판결의 유형의 경우에는 일반적으로 올바르지 않은 결정이란 존재하지 않는다. 개념형식이 문제되기 때문에 실무에서 이런 사례들이 유형상 순수형태로는 존재하지 않는다는 것은 이론의 여지가 없다. 제국재판소의 판결들에 대한 평가는 사람들이 그러한 평가를 "올바르지 않다"거나 "세상과 동떨어진 것이다"고 비판하듯이 더 이상 그렇게 내려지지는 않는다는 것 또한 부정되어서는 안 될 것이다. 제국재판소 판결에 대한 평가는, 비록 오래 전에 불가능하지 않은 것으로 되었다 하더라도, 그것이 법적 확정성에 대하여 특별한 사실상의 의미를 가지고 법적 확정성이 바로 올바름의 판단기준에 대하여 구성적 요소로 이용되어 왔기 때문에, 더욱 어렵다. 그러나 이로써 제국재판소결정을 비판하는 것이 거의 불가능하지 않게 되었다는 것을 위에서 언급된 채무자의 고용계약의 취소가능성에 대한 제국재판소 판결의 예가 입증하고 있다.

선결례와 마찬가지로 또한 입법자료들도 분명하게 그 지위를 지정받고 있다. 일반적으로 상황증거를 가지는 것이 문제되는 한, 새로운 입법자료는 특히 분명하고 모든 법관은 그것을 이용할 것이다. 이러한 심리학적 개연성은 그 자체 중요하지 않다. 그러나 그러한 개연성이 "실무"의 유효한 동기가 되고 법적 확정성의 요구와 관련됨으로써 그러한 개연성은 일반적으로 자료를 참고로 인용해서 결정이 이루어진다는 것을 확인하고 그리고 그렇게 함으로써 결정을 평가하는 데 중요성을 가진다. 그러므로 입법자료를 원용하는 것은 수긍이 가는 논증일 수 있다. 그러한 원용의 "학문적 가치"나 "부지런한 평가와 사고"[31)]로서의 그러한 원용의 성격에 대하여 어떤 태도를 취하는가는 전혀 중요하지 않다. 이러한 관점에서는 입법자료는 새로운 법률이 법관에게 분명한 정보를 알려주지 않는 경우에 마찬가지로 이용할 이전의 법률들과 구별되지 않는다. 또한 이곳에서도 이전의 법률은 입법자료들의 경우에 언급될 수 있는 것과 마찬가지로 법으로서의 효력을 얻지 못한다. 오래된 법률의 힘은, 룸프 Rumpf의 표현을 사용하면, "실무가 소리 없이 합의하는" 데 있다. 그리고 그 이유는 판결은 그 올바름을 전체 법실무와의 관계를 통해서만 얻을 수 있기 때문이다.

법관의 결정은 그것이 예견가능할 때에만 올바르다. 이는 법적 확정성의 요구와 법실무를 관찰한 결과였다. 제안된 공식으로부터 법관이 법률의 문언에 반하여 결정해도 되는가라는 질문에 대하여 매우 바람직하고 명확하게 입장을 표명할 수 있다. 모든 법관은 '실정법에 반하여'(contra legem) 판결을 내리는 것을 주저할 것이고 매우 명백한 그리고 강렬한 형평성고려를 원용하기보다 오히려 법률의 문언을 원용한다는 심리학적 사실

법률에 반하는 판결

---

31) Rumpf, Gesetz und Richter, S. 120의 표현.

은 그것이 법적 확정성의 명제와 결합된다는 사실을 통하여 그 방법상의 의미를 얻는다. 관습법을 증거로 끌어내지 않기 위하여 실무가 법률의 문언과 말의 뜻을 무시한다는 것은 수도 없이 확인된 역사적 사실이며 현행 민법전에 대해서도 그에 대한 예가 충분히 있다.32) 법률의 문언의 의미에 저촉되는 결정, 즉 실정법에 반하는 결정("전체" 법률이나 심지어는 "전체 법"의 "정신"을 언급하면서 그러한 정신을 설명도 없이 토론에 끌어들이는 순간에 토론은 당연히 학문적이기를 그만둔다)은 다른 모든 결정들과 마찬가지로 (전체 실무의) 다른 법관이 같은 방법으로 결정하였을 지도 모른다는 전제 하에서 올바르다. 실정법의 권위의 한계가 그 근거로부터 필연적으로 결론되는 한, 바로 실정법의 법적 확정성의 기능 속에 실정법에 반하는 재판을 무조건적으로 배척하는 것을 반대하는 논거가 있다는 것이 분명해진다.33) 실정

---

32) 사람들은 민법 제2039조나 제1361조에 대한 주석만을 참조하면 될 것이다. Monatsschrift für Aktienrecht 1897, S. 24에 보고된 제국재판소의 결정과 함께 Rumpf, Gesetz und Richter, S. 166/7는 전통적 해석학의 모든 규칙에 따라 "공공연히" 이름을 말하는 법률의 "의사"가 더 이상 존중되지 않는다는 데 대한 훌륭한 예를 들고 있다. Rumpf im Arch. f. Rechts- u. Wirtschaftsphil. II, S. 202(über die Behandlung des § 1910 Abs. 3 B. G. B.) 참조. 민법 제1353조 제2항이 정신병자인 남편을 제외하지 않은 것을 편집상의 실수로 표현하거나 유한회사에 관한 법률 제82조에서 편집상의 실수가 있었다고 생각해야 한다면(R. G. 40, S. 191), 그것은 무엇을 의미하는가. - Jhering, Geist des Röm. Rechts(5) II. 2, S. 465: "법률가들의 유죄선고가 지속되더라도 그로부터 법률이 생겨나는 것은 아니다."
33) 그러므로 콜러 *Kohler*가 아주 여러 곳에서 '이중적인 의미를 갖는 해석'(duplex interpretatio)의 현상, 그러한 해석이 법률의 의미에 반하여 법률의 문자를 내보임으로써 법률의 문언을 유지하면서 변화된 법적 견해를 유효하게 하는 것("베

법이 법적 확정성을 보증할 수 있고 오해의 여지가 없는 실무를 야기하는 한, 결정의 "합법률성"은 결정이 올바르다는 데 대한 증거이다. 그러나 실정법률의 내용 밖에 있는 요소들이 이러한 실무에 충격을 주고 비록 "해석"이라는 방법을 통해서이기는 하지만 법률의 사실상의 효력을 변경할 수 있게 되자마자 결정의 "합법률성"과 올바름 간의 이러한 정합(整合)은 무너진다. 그럼에도 불구하고 법률의 의미에 반하여 내려지는 판결은 올바를 수 있다. 실정법에 반하는 재판을 인정하는 데 대해서 제기되는 커다란 의혹은 단지 종래의 잘못된 문제제기에 기초하고 있고 결국 항상 "법적 안정성"에 대한 고려로 된다. 그러나 그럼에도 불구하고 이곳에서는 법적 안정성을 토대로 삼았다.34) 개별적인 법

니스의 상인"에서 포치아 *Porzia*처럼)에 대하여 주의를 환기시키고 있다면, 사람들은, 실무의 이러한 일반적이고 의식적인 자기기만이 법적 확정성의 가장 중요한 버팀목, 즉 법률의 단어를 가능한 한 오래 존중하는 생각을 포함하고 있는 한, 콜러를 따를 수 있다. 그러나 콜러(예컨대 Archiv f. Rechts- und Wirtschaftsphil. III, S. 581)가 이러한 맥락에서 들고 있는 법률의 형식적 권위를 유지하는 것은 그런 까닭에 더 이상 이곳에 속하지 않는다. 요컨대 콜러는 사람들이 법률을 옆으로 제쳐놓고 실정법에 반하는 판결을 내린다면 그것은 "유례없는 무규율, 자의 그리고 불안정을 초래할지도" 모른다고 생각한다. 그러나 "베니스의 상인"에서 샤일록의 수표에 대하여 시도된 해석은 아마 법적 불안정성을 초래하지는 않을 것이다. 그러한 변호가 공감이 가는 목적에 기여하지 않는다는 것을 모든 사람이 분노할지도 모른다는 것은 그곳에서 그렇게 자의적인 변호가 중요하지 않은가? 그리고 공감이 가는 목적이 그러한 방법들을 정당화한다면 그로써 다시금 통제할 수 없는 감정법학이 결정적인 작용을 하게 되는 것은 아닌가? 법적 불안정성을 회피하는 것이 표준적인 것이어야 한다면 오로지 법실무 그리고 그것도 법실무 전체의 균형성에서만 올바름의 판단기준을 찾을 수 있을 것이다. "법률의 형식적 권위"와 법창조의 문제는 이 방법적 연구로부터 분리되어야 한다.

관이 실정법에 반해서 올바른 결정을 내릴 수도 있다는 것은 아무리 그것을 확신할 수 있다 하더라도 이곳에서는 명시적으로 부인된다. 마찬가지로 여전히 그렇게 강력한 법감정 자체가 올바름의 척도로서 법률을 파기할 수 없어야 한다. 결정적인 것은 항상 결정의 예견가능성과 그리고 그와 함께 법적 확정성을 근거 짓는 전체 법실무이다. 그와 동시에 법실무를 통한 실정법창조에 대한 질문은 이곳에 속하지 않는다는 것을 되풀이해 둔다. 이곳에서는 전적으로 결정의 올바름을 특별히 판단하는 실무의 기준을 발견하는 것이 문제된다. 법적 확정성의 관점에서는 명확한 실정규범들의 사실상의 우위는 확실한 것이어서 그와 비교할 때 명확하지 않은 비실정적 규범들은 임시변통적인 것으로 생각될 정도이다. 현재

---

34) 법적 불안정성, 법관의 자의에 대한 공포는 항상 실정법에 반하는 재판을 매우 강력하게 부인하는 경우에 사용되는 결정적인 논거이다. 예컨대 Brütt, a. a. O., S. 184ff., Rumpf, a. a. O., S. 77/8(그는 다음과 같이 이야기한다. 법률의 문언을 무시하면 법적 불안정성이 야기된다. 그럼에도 불구하고 언제 법률의 문언에 반하여 결정되어도 좋은가를 판단하는 기준은 존재하지 않는다. 이곳에서는 전적으로 법관의 "인격"이 문제된다). Brie, Arch. f. R. u. W. III, S. 532. Gmelin, Qousque? Beiträge zur soziologischen Rechtsfindung 1910. 주목할 만한 것은 Schein, a. a. O., S. 208/9의 다음과 같은 문장이다. 관리는 법적 안정성을 위해서 국가의 대리인이기보다 법률의 노예이어야 할 것이다. "법률의 결과가 현재 매우 파괴적이어서 그 결과가 법적 안정성의 이해관계를 압도하고, 모든 국가기관이 그 결과를 인지하여야 하고 그리고 그렇기 때문에 불확실성이 개입할 수 없을 정도로 그 결과가 명백하게 노정되는 매우 희소한 경우에만 예외가 인정될 수 있다." - 초실정적 규범을 끌어들임으로써 발생하는 어려움은 실정법에 대한 자연법의 관계에 대하여 자연법의 추종자들에게 발생하는 문제들에서 역사적으로 흥미로운 어려움과 비교할 수 있다. 그에 반하여 본문에서 제안된 해결책은 이론적으로 매우 분명한 대답, 법적 방법론에서 어쨌든 주목할 가치가 있는 것을 제시한다. - 내가 그렇게 말함에도 불구하고

제국재판소의 실례를 일별하면 이와 같은 것은 이론의 여지없이 입증되는 것으로 생각된다. 그러나 그와 동시에 다음과 같은 것이 간과되어서는 안 된다. "실정적인 것"이 우위를 가진다는 외관은 그 어떤 실정 규정에서 자신들의 결정을 정당화하기 위해서 사람들이 많은 사건들에서 매우 느슨하게만 그 어떤 실정 규정을 관련시키는 것을 통해서 획득된다. 그러한 과정은 오늘날 사실상 단지 실제로 합법률적인 결정이 올바른 것으로 통한다는 데 대한 증거는 아니며 오히려 단지 사람들이 이러한 방법으로 실정법률의 비상한 법확정력의 압력 하에서 충분한 것을 한다고 믿는 법적 확정성의 요청이 가지는 힘의 특징일 뿐이다. 그것이 얼마나 커다란 오류인가는 이미 언급하였다. 현실에서 유효한 (예컨대 거래생활의, 정의나 형평)) 규범들은 이곳에서 법적 확정성을 근거 짓고 다른 법관도 똑같이 결정하였을 수 있게 작용하는 규범들이다.[35]

---

[35] 많은 저자들에 의하여 법률에 대한 법관의 독립이 강조되는 경우에 대부분 화제가 되는 것은 법실무의 법창조력이 아니라 개별적인 법관이다. Bruno Schmidt, Das Gewohnheitsrecht als Form des Gemeinwilles, Leipzig 1899, S. 37, Anm. 1은 뷜로브(Gesetz und Richteramt)는 마지막 결론을 끌어내지 않으면서 법관은 "법률 속에 체화되어 있는 국가권력을 더 정확하고 엄밀하게 말하고 비상시에는 법률에 대한 모든 구속으로부터 자유롭다"고 이야기하고 있다. 기대되는 오해를, 이러한 토대 위에서 본문의 상론은 진행되어 왔는데, 가능하면 배제하기 위하여 다시 다음과 같은 것이 반복되어야 한다. 1. 슈미트 *Schmidt*는 이곳에서 법창조와 법문에 관한 국(헌)법상의 이론에 대하여 이야기하고 있다. 2. 우리들에게 법관은 비상시가 아니라면 법률에 대한 구속으로부터 자유롭게 될 수 없다. 슈미트가 의도하고 있는 경우들은 대부분 법률의 내용을 존중하지 않았음에도 불구하고 결정이 올바른 그러한 경우들이다. 또한 그 역시 이제 "법률에 대한 구속"을 올바름을 판단하는 기준으로 사용하고 있기 때문에 그는 이

실정법에 반하는 재판이라는 어려운 문제를 해결하는 데 제안된 공식이 갖는 장점은 이미 법관의 결정의 올바름은 법률에 포함되어 있는 의사와 명령으로부터 도출되지 않고36) 그리고 그럼으로써 법문의 본질을 둘러싼

곳에서 수수께끼 같은 "예외"를 분명히 밝혀야 한다.

36) O. Bülow, a. a. O., S. 40: 법관은 국가로부터 "법률에 포함되어 있지 않은, 법률이 아니라 자신에 의하여 선택되고 의욕되고 있는 또한 그러한 법규정들을 심리할" 권한을 부여받았다. 또는 B. Schmidt, a. a. O., S. 39: 국가는 자신의 법을 암묵적으로든 명시적으로든 폐기할 수 있다. "명확한 행위"를 통하여 선언하기 위하여 법관은 "바로 자신의 사법기관"을 사용한다. (그가 그렇게 하는 것이 법률을 억지 해석하기보다 "더 훌륭하고 더 가치 있다"고 부언하고 있다면 그것은 적절하나 그렇기 때문에 여전히 논증은 아니다). - Börngen, Int. Wochenschr. 1911, S. 873이 특히 명확하다: 법률은 명령이다. 즉 "모든 명령은 한계가 있으며, 그 수행자에게 그 한계가 어디에 있는가를 찾아내는 것을 위임할 수밖에 없다. … 새로운 명령을 받는 것이 가능한 경우에 위탁을 받은 자는 오래된 명령의 정신에 따라 행동하지 않는다. 그는 논리학의 기본원칙들을 가지고 오래된 명령에 대하여 헛된 노력을 기울여 억지로 새로운 명령을 만들어내지 않고 명령권자 자신의 지위를 취하여 새로운 상황에서 명령권자가 어떻게 행동할 것인가를 자문한다." 그렇다면 법관도 이러한 상황에 처하여야 할 것이다. - 겨울에 난로에 날마다 불을 떼라는 명령을 받자 여름에도 날마다 난로에 불을 떼는 "법적 하인"에 대한 Schein, a. a. O., S. 191의 비교는 많이 인용되고 있다. 그러나 설득력 있게 목적을 관찰하고 있는 이 예는 법문에 관한 이론이 가지는 이론적 어려움과 실무적 어려움을 오인하고 있다.

Zitelmann, Gewohnheitsrecht und Irrtum, im Arch. f. d. ziv. Praxis 66, S. 446ff.은 법률을 제정할 국가의 권한을 묻는 질문과 이러한 권한에 대한 권한을 묻는 질문을 결국 더 이상의 도출이 가능하지 않을 때까지 제기하였다. 중요하고 뛰어난 논문과 결정의 올바름을 판단할 기준을 이 논문이 방법적으로 연구하는 것과 치텔만의 논문의 대상이 차이가 있다는 것은 이미 언급되었다. 그럼에도 불구하고 치텔만의 다음 문장은 '연장해서'(in extenso) 인용하여야 할 가치가 있다. "법문들로부터 도출된 효력을 가지는 이러한 법률생산 외에도 여전히 본질적인, 소위 토착적 법창조가 있다. 법문이 장래에도 복종되리라는 사실은 관행적이고 심리학적인 경험에 따를 때 법문의 장래의 관행에 대한 매우 강력한 동기를 부여하는 근원을 형성한다. 마찬가지로 사람들이 효력 속에서 지속적인 동기부여

다툼에 대하여 올바름에 대한 질문의 독자성이 달성된다는 것으로부터 이미 충분히 명확해진다. 법실무가 실정법률을 사실상 넘어가는 것을 입법자의 "묵시적" 묵인으로 "설명"하거나 "정당화"하는 특별한 내용이 없는 그리고 무가치한 의제가 중지된다. 사람들은 법률의 의사로부터 결정의 올바름을 도출하고 왜 사람들이 그럼에도 불구하고 가끔 법률에 반하는 결정을 올바른 것으로 간주하는가라는 문제에 대하여 다음과 같이 대답한다. "그것은 입법자의 의사가 암묵적으로 변한다는 것을 근거로 한다." 이로써 사람들은 많은 책들의 최면효과(催眠效果)를 그 '타성'(vis dormitiva)으로부터 그리고 같은 주제에 대한 다른 책들의 반대효과를 이러한 타성의 정지로부터 설명하는 또는 선량한 사람만이 평안할 수 있다는 것을 강조하고 선량한 사람이 평안하지 않다면 그 선량한 사람은 더 이상 선량한 사람이 아니라는 것을 추론하는 명제들의 학문적 권위로부터 명제를 유지한다.

전반적으로 이제까지의 설명들과 그 설명들이 법적 확정성의 요청을 지속적으로 관련시킨 데 대해서는 법적 확정성의 일반적 명제와 숙고와 같은 그러한 일반적인 명제들과 숙고들로부터는 모든 가능한 것들이 도출된다는 이의가 쉽게 제기된다. 요약한다면 다음과 같은 것이 반복되어야 한다. 이러한 이의는 의심의 여지 없이 인정된 법적 확정성의 요구에 대해서는 경험적

> 결정의 올바름을 위한 실정법률과 실정외적(사회학적) 제 규범의 의미

원인을 보기 때문에 사실적인 것의 개념은 법률적인 것의 개념으로 변한다."

유형으로서 "다른 법관"과 연관됨으로써 실무의 발전과 함께 변하나 그렇기 때문에 그만큼 덜 명확하지는 않은 보다 확실하고 보다 확정될 수 있는 내용이 주어진다는 것을 간과하고 있다. 물론 바로 그 공식은 실무의 변화를 배제하는 동기를 포함하고 있지 않다. 법적 "안정성"[37]이라는 단어는 의식적으로 기피되었다. 법생활이 급작스럽게 변화하는 경우에는, "법의식이 격심하게 전개되는 경우"(에를리히 Ehrlich)에는 다른 법관이 어떻게 결정할까에 대한 결정도 매우 신속하게 변화될 수 있다. 그러나 비록 제안된 공식이 구체적인 개별적 사례에서 그러한 변화된 사실을 수용할 능력과 관련하여 명백한 대답을 제시할 수 없다고 하더라도 그러한 것 때문에 제안된 공식이 의심스러운 것으로 되지는 않는다. 그러한 방법적 정의에 있어서는 항상 오직 이론적 확실성, 모든 그 관념군에 속하는 문제들에 대한 분명한 입장표명, 모든 어려움에 대한 솔직한 대답만이 문제될 수 있는 것이지, 일반적으로 이상으로 요구되는 대수표(對數表)나 차량운행시간표의 확실성이 문제될 수 있는 것은 아니다. 실무의 다양성에도 불구하고 대답을 거부하지 않는 그리고 그렇게 함으로써 그 공식이 또 다시 그 공식의 정당성을 입증하는 공식을 발견하기 위하여 법적 확정성의 명제는 의식적으로 추상화하여 방법적 연구의

---

[37] Franken, Vom Juristenrecht, 1889, S. 6은 "안정성의 성향"(Stabilitätstrieb)을 이야기하고 있다. - 이 논문에서 그러한 "성향"이란 용어의 사용이 배제되어 있다는 것은 이 논문의 구상에서 분명하다. 이러한 이야기는 "질서성향"(뤼멜린)이나 "윤리적 사교성향"(슈투름 A. *Sturm*)에도 해당된다.

출발점으로 간주되어 왔다. - 그러나 그러한 공식 자체에 대하여는 그것이(비록 그것이 많은 사람들에게 근거 지어지지 않은 새로움으로 보일지라도) 새로운 것이라곤 아무것도 말하는 바가 없다는 이의가 있을 수 있다. 그 공식은 실무에서 출발하여 실무로 돌아오나 실무를 넘어가지는 않는다 할 것이다. 이러한 이의가 방법적 관찰은 정돈하는 것 이상의 것을 해야 하고 자아를 성찰할 수 있도록 도와주어야 한다는 만연된 오해에 근거하고 있다면 그러한 이의는 반박을 필요로 하지 않는다. 그러한 이의가 그 공식이 새로운 학문적으로 가치 있는 것을 전혀 이야기하고 있지 않다는 것을 의미하고자 하는 한 그러한 이의는 정당하지 않다. 실무로부터 올바름의 토착적인 판단기준이 발견되어야 하기 때문에 이곳에서는 실무를 참조하라고 지시되었다. "자주적"(autonom)이라는 표현은 기피되었다. 왜냐하면 그 표현은 경솔하게 (이 작업의 모든 항의에도 불구하고 아마도 비난될 것인데) 실무는 법을 창조하고 법률을 제정하며 다른 해결책들에 대하여 이곳에서 개진된 해결책의 차이는 단지 자유법적 또는 문화적 또는 유사한 규범들 대신에 이곳에서는 새로운 종류의 "규범들", "실무의 법칙들"이 수용되었다는 차이에 지나지 않는다는 오류에 이를 수도 있기 때문이다. 중요한 것은 오직 실무에 특수한 방법적 관찰의 원리일 뿐이다. 이제 법관의 결정의 올바름에 대한 질문에 대하여 특정의 새로운 대답이 주어지고 그 대답 속에 결정이유의 지금까지 전혀 미동도 하지 않는 또는 불충분한 다양성 속에 처해 있는 구성요소들을 새롭게 분류하여야 한다면, 그로써 학문적으로 존립할 정당성을 부인할 수도 있다. 실무에서 유효한 것으로 간주하는 판단기준의 올바름을 더 판단하는 기준은 이미 이 연구의 제1장에서 제외된 주제이다. 그것을 이곳에서 다시 한 번 언급하는 이유는 이 두 개의 전혀 상이한 문제들이 계속 반복해서 동일시되고 그렇게 함으로써 혼란과 오해가 발생하고 있기 때문이다.

그렇다면 실제의 실무는 어떠한가? 민법 제839조에 따른 법관의 책임의 전제조건에 대한 또는 제안된 공식의 사실상의 효력에 대한 토지등기부법 제12조와 관련하여 제국재판소의 판례가 제공하는 것 이상으로 확신을 주는 증거는 존재하지 않는다. 실제로 결정의 "합법률성"이 결정의 올바름을 판단하는 기준이고 사람들이 그 기준으로 만족할 수도 있다면, 민법 제839조와 토지등기부법 제12조의 문제에 대한 제국재판소의 결정을 필요로 하지 않을 것이다. 사람들이 다음의 구별로써 합법률성이 판단기준으로 유지된다고 믿는다면 그것은 외관에 지나지 않는다. 법률에 반하는 결정은 명시된 법률규정들의 객관적 사실을 나타낸다. 그리고 제국재판소의 판례를 의미 있게 만드는 의심은 주관적 사실, 법관의 책임과 관계가 있다. 그러나 후자는 전자에 의하여 제약되어 있다. 고의와 과실이라는 개념들 속에 포함되어 있는 심리적 관계들은 객관적인 사실을 내용으로 하며 객관적인 사실이 없다면 주관적인 사실은 가능하지 않다. 그러므로 제국재판소는 중요한 법학자가 법관의 편을 들어주는 경우 법관은 책임이 없다고 이야기하고 있다.[38] 결정적인 작용을 하는 것은 특히 제국재판소가 "실무에 대하여 표준적인 최고 심급으로서" 그 문제를 아직 결정하지 않았는가 여부이다.[39] 그리고 다른 해석이 적용된 해석으로서 올바를 수 있는 가능성을 간과하는 것은 문헌과 재판에서 수용된 견해들이 문제되는 경우에만 과실이다.[40] 그리고 끝으로 다음과 같은 것은 이미 언급된 경우이다. 제국재판소나 또는 (프로이센의 경우에는) 고등법원이 토지등기부사항에서 무엇인가를 결정했다면 그로써 원칙적으로 법관의 모든 의구심은 해결된 것으로 간주되어야 한다.[41] - 판결 자체에 의하여 "자유" 재량, "중요한" 이유들, "선량한 풍속" 침해라는 문제들이 특수한 영역으로 자리매김 하였는가는, 점차적으로 이러한 요소들 대신에 판결이 확립됨으로써, 개별적인 연구를 필요로 한다 할 것이다. 개별적인 연구는 "살아 있는 법"을 대상으로 할 것이고, 그러한 연구는 경험적 법생활을 역사적·해석적으로 관찰하는 것일 것이다. 이 연구는 이러한 개별적인 문제들에 대한 방법론적 선행연구일 수도 있다.

---

38) Entscheidungen in Zivilsachen, Bd. 59, S. 388.
39) Bd. 60, S. 395.
40) Jur. Woch., 1906, S. 53/4(훌륭한 근거를 가지는 자는 반대 견해가 가능하다는 것을 종종 거의 인식하지 않을 것이라는 흥미로운 심리학적 소견을 진술하고 있는).
41) Jur. Woch., 1905, S. 139, Jahrg. 1906, S. 134; 그러나 특히 결정적인 것은 Gruchots Beiträgen, Bd. 50, S. 1005에서 보고된 결정 및 Entscheidungen des Reichsgerichts in Zivilsachen, Bd. 65, S. 98.

부록

〈주해1〉

"엄격한 법적" 해석논거들을 가지고 어떻게 극히 다양한 판결들이 정당화될 수 있는가 하는 데 대한 예들은 최근 몇 년 사이에 대단히 많아져서 (이곳에서는 슈탐페 Stampe와 푹스 Fuchs에 의하여 인용된 것들만을 상기하면 될 것이다) 이곳에서는 가능한 한 많은 것이 단지 반복될 수 있을 뿐이다. 이미 키르히만 J. H. von Kirchmann이 "학문으로서 법학의 무가치성에 관하여"란 그의 강연에서 일련의 적절한 예들을 인용하였는바(그 예들은 Kgl. Geh. Obertribunal, Neue Folge, 4. Bd. Berlin 1847의 결정들에서 전하여졌다), 이곳에서도 그것들을 참조할 수 있을 것이다. '상세하게'(in extenso) 열거될 만한 것은 아마도 가장 열렬한 전통적 해석학의 추종자라 하더라도 얼마나 많은 것이 법적으로 증명되고 현실에서 법적 통찰력이 얼마나 문제되지 않는가를 확신하게 될 단지 다음과 같은 라쌀레 F. Lassalle의 증명뿐이다. 라쌀레는 1848년 미결구류 중이었다. 그에게는 형법(Code pénal) 제87조, 제91조의 불법행위들(내란, 허가되지 않은 대중무장 등)에 대한 책임이 씌워졌다. 이 불법행위들은 형법에서는 명시적으로 기술적 의미에서 그리고 그것도 장(章)의 표제에 의하여 범죄로 표현되고 있었다. 형사소송법(code d'instruction criminelle) 제113조에 따르면 이러한 불법행위들의 경우 보석금을 낸다 하더라도 미결구류에서 석방되는 것은 배제되어 있었다. 석방신청이 당연히 기각된 후 라쌀레는 갱신

된, 마찬가지로 성과 없는 신청에 대하여 다음과 같은 이유를 들었다. "비록 본인이 제87조, 제91조를 근거로 구속되었다 하더라도, 즉 본인이 범죄에 책임이 있다 하더라도, 보석금을 내고 일시적으로 석방되는 것이 그럼에도 불구하고 본인에게 허용된다면, 본인은 어떤 범죄로 고발된 경우 보석금을 내고 석방되는 것을 배제하고 있는 형사소송법 제113조는 나에게 알려져 있지 않은 것이 아니라는 것을 미리 말해두지 않으면 안 된다고 믿는다. 그러므로 본인이 그럼에도 불구하고 그러한 신청을 하는 이유는 오직 본인이 형사소송법 제113조의 배제규정은 정치범죄에 관한 1848년 4월 15일자 법률에 의하여 폐지되었다는 것을 아주 명확하고 한 점의 의심도 없이 증명할 수 있다고 확신하기 때문이다. 이러한 것 때문에 이 점에서까지 공적 주의를 환기시키는 것을 놓쳐버린 것으로 생각된다면, 왕실재판소는 그러한 것을 통하여, 본인이 공적 주의를 환기시키기 위하여 달리 적절한 것을 할 수 있다면, 본인이 드는 이유들을 정당하게 평가하는 것을 저지해서는 안 될 것이다. 그러나 이러한 견해는 설득력 있게 1848년 4월 15일자 법률을 전반적으로 그리고 개별규정들을 관찰하는 데서 추론된다. "우리들, 빌헬름 Friedrich Wilhelm 등은 정치범죄와 언론출판범죄의 경우 4월 6일자 명령 제2조에 의하여 라인 Rhein주에서 배심재판소의 권한을 다시 효력을 발생시켜 그 권한을 정치범죄와 언론출판'범죄'(Verbrechen)에 확장시킨다. 이 규정(즉 1848년 4월 6일자 법률 제2조의 규정)의 시행을 확실하게 하기 위하여 다음을 명한다."

이제 수많은 규정들이 뒤따르고 그 중에서 제12조는 다음과 같은 내용으로 되어 있다. "그 밖의 모든 관계에서, 특히 예비심사, 보석금 납부를 조건으로 한 일시 석방, 형사재판소의 결정에 대한 법적 수단, 문서전달과 방어와 관련해서는 교도경찰업무를 위하여 성립된 형사소송법의 규정들이 적용되며 정치'범죄'(Vergehen)와 언론출판범죄의 경우에도 그러하다."

라인 주 법관은 당연히 프랑스의 실무와 법전의 용어에 따라 첫눈에 그로써 제12조가 끝나는 "정치'범죄'와 언론출판범죄"란 표현을 - 그리고 제12조의 경우 법조항이 의미하듯이 교도경찰업무를 위해서 현존하는 규정들을 유추하여 보석금을 내면 일시적 석방이 허용된다 - '범죄'(Vergehen, 위반 또는 경범죄)의 경우 프랑스법적 의미에서, 따라서 '위법행위'(délit)의 좁은 의미에서 그리고 '범죄'(crime, 형사범)와는 구별하여 파악하려고 시도하였다는 감정을 가질 것이다. 좀 더 자세히 관찰하면 사람들은 우선 1848년 4월 15일자 법률은 이러한 구별을 하지 않았을 뿐만 아니라, 즉 그 법률은 "Vergehen"이란 단어를 본래의 Délits와 마찬가지로 중대한 Vergehen(범죄 Verbrechen, crime)에 똑같이 사용할 뿐만 아니라 또한 심지어는 이러한 종래의 프랑스법적 구별을 정치적 행위와 관련하여 명시적인 정의를 통하여 명시적이고 실정적으로 폐지하고 있다는, 그리고 그렇기 때문에 그 법률을 일시적 석방과 관련하여 교도경찰업무와 또한 정치범죄와 언론출판범죄에도 적용될 수 있다고 선언한다면 그 법률은 정치범죄와 언론출판범죄를 교도경찰업무에 포함되어 있는 것으로 이해하고 그러므로 또한 일시적 석방이 허용된다고 선언하고 있다는, 심지어 결국 이 법률은 정치'범죄'(Verbrechen)에 대해서도 법전이 Vergehen에만 허용하고 있는 예비조사를 완화하고 일시적 석방을 가능하게 하려는 전적으로 명시적인 의도를 가졌다는 확신에 도달할 것이다. 이 법률에 의해서 그리고 '특히'(in specie) 동 법률 제12조에 의해서 정치적 중범죄는 실질적으로는 법전에 확정된 형벌에 처해지지만 조사, 석방 등의 형식과 관련해서는 단순한 '범죄'(Vergehen)와 대등한 취급을 받는 특전이 보장되었다.

우선 중요한 것은 제12조가 교도경찰업무의 경우 일시적 석방에 관한 현행 규정들을 또한 정치범죄와 언론출판'범죄'(Vergehen)에 적용할 수 있다고 선언함으로써 제12조가 Vergehen이라는 표현으로써 좁은 의미의 Vergehen뿐만 아니라, 법전의 언어사용과 달리 Verbrechen도 포괄하는 것인가를 증명하는 일이다. 입법자 자신이 그의 표현, 즉 "정치범죄"(politische Vergehen)를 정의하고 있고 그리고 그것도 동일한 표현이 형벌의 정도를 고려하지 않고 따라서 프랑스법적 구별을 배제하고 폐지함으로써 모든 정치적 Vergehen과 Verbrechen을 포괄하는 데까지 정의했다는 것이 증명되면, 그 경우 이러한 증명은 매우 결정적인 것을 제시하게 될 것이다. 그리고 실제로 1848년 4월 15일자 법률은 명시적인 어구로써 이렇게 정의하고 있다. 왜냐하면 같은 법률 제2조는 다음과 같기 때문이다. 라인 주 형법 제3편 제1장 제1절과 제2절에 규정되어 있는 Vergehen은 같은 달 6일자 명령 제2조의 의미에서 "정치범죄"(politische Vergehen)로 간주된다. 그러나 프랑스형법 제3편 제1장 제1절과 제2절은 범죄(crimes)와 위법행위(délits)를, 즉 제1절(제75조 – 제108조)은 심지어 전적으로 중범죄와 그리고 또한 본인이 피의자로 되어 있는 제86조 – 제92조를 포괄하고 있다.

그리고 그럼에도 불구하고 제2조는 명시적으로 프랑스형법 제3편 제1장 제1절의 범죄 모두를 "정치범죄"(politische Vergehen)로 정의하거나 오히려 "정치범죄"란 표현을 프랑스형법전 제1장 전체, 제1장 및 제75조 – 제108조 전체에 적용할 수 있는 것으로 정의하고 있다. 그러므로 1848년 4월 15일자 법률이 제2조에서 명시적으로 "정치범죄"에서 라인 주 형법 제3편 제1장 제1절과 그러므로 또한 제86조 – 제92조에 규정된 행위들을 파악하고 있음이 분명하고 그리고 더 나아가서 제12조에서 보석금을 내고 일시적으로 석방하는 것을 교도경찰 규정들을 유추하여 정치범죄에도 허용된다고 선언하고 있다면 그로부터 바로 – 결론은 아주 간단하게 제12조가 동의이어의 반복이라는 것이다 – 현행 규정들에 따라 프랑스형법 제3편 제1장 제1절에 규정되어 있는 행위들에 대해서 일시적 석방이 허용된다는 결론이 나온다.

그러므로 1848년 4월 15일자 법률에 의하여 형식적 절차와 관련하여 정치'범죄'와 '위법행위'(Vergehen) 간에 형법전에 따르면 익숙하지 않은 완전한 동일시가 이루어졌다.

1848년 4월 15일자 법률 제2조에서 '범죄'(Verbrechen)와 '위법행위'(Vergehen) 사이의 이러한 동일시가 얼마나 의도적인가 하는 것은 동 법률의 서두에서 다음과 같이 말함으로써 명시적으로 Verbrechen과 Vergehen을 나란히 제시하여 외견상으로만 구별하고 있다. "우리들, 빌헬름 Friedrich Wilhelm 등은 정치범죄와 언론출판범죄의 경우 4월 6일자 명령 제2조에 의하여 라인 주에서 배심재판소의 권한을 다시 효력을 발생시켜 그 권한을 정치범죄와 언론출판'범죄'(Verbrechen)에 확장시킨다." 그러나 정의를 내리고 있는 제2조에서는 Verbrechen과 Vergehen 사이의 구별은 포기된다. 그리고 더 나아가서 4월 15일자 법률의 동일한 제2조에서는 "4월 6일자 명령 제2조의 의미에서 정치 '범죄'(Vergehen)로 간주되는 것 등"이라고 하고 있다. 그러나 4월 6일자 명령 제2조는 명시적으로 Vergehen뿐만 아니라 Verbrechen도 언급하고 있다. 명령 제2조는 다음과 같다. "정치 '범죄' 및 언론출판 '범죄'(Vergehen)는 물론 정치 '범죄' 및 언론출판 '범죄'(Verbrechen)에 대한 배심재판소의 관할권은 쾰른 항소법원에 속한다."

그러므로 명령 제2조의 문언에서는 최소한 Verbrechen과 Vergehen은 구별되고 나란히 언급되고 있다. 그리고 4월 15일자 법률 제2조는 또한 Verbrechen을 명시적으로 언급하고 있는 4월 6일자 명령의 의미에서 정치'범죄'(Vergehen) 일반으로서 표시하고 있다.

결국 분명 이러한 동일시는 예컨대 부정확한 언어사용에서 생긴

것이 아니라 - 4월 15일자 법률 제2조의 명시적인 정의뿐만 아니라 또한 이 법률의 서두와 4월 6일자 법률에 대한 언급도 금지하고 있는 이의 - 전체 법률의 정신에 걸맞는 그리고 분명한 입법자의 의도였다. 왜냐하면 4월 15일자 전체 법률은 형식적 절차와 관련하여 원래 다름 아닌 라인 주 형사소송법에 낯선 정치적 Verbrechen과 Vergehen을 동일시하고 더 자세하게 그것도 이러한 유(類)의 Vergehen에 특전을 부여할 것을, 즉 완화할 것을 목적으로 하고 있다. 동 법률 제113조가 정치 '범죄'(Verbrechen)의 경우에도 친절하게 일시적 석방을 허용하고 있고 그리고 또한 이러한 관계에서 형식적 차이를 포기하고 - 형식적 차이를 제거하는 것이 물론 전체 법률의 목적이다 - 있다면, 형식적 관계에서 이러한 동일시가 행해져 그 결과 심지어는 Vergehen이 라인 주 형사소송법의 규정들이 적용됨으로써 배심재판소의 특전에 관여하게 되어야 한다면 그것은 분명히 전체 법률의 정신이 의도하는 바이다.

형벌의 정도를 무시하고 모든 정치'범죄'(Vergehen)에 일시적 석방을 가능하게 하려는 입법자의 이러한 의도에 대하여 아직도 그 어떤 의심이 있을 수 있다면, 바로 그러한 의심은 4월 15일자 법률을 발의한 내각의 제안서에 의하여 가장 확실한 방법으로 반박될 것이다. 1840년 4월 14일자 내각의 제안서(동년 4월 19일자 쾰른 신문에 게재되어 있음)에는 다음과 같이 말하고 있다. "미래의 헌법의 몇 가지 원리에 대한 동월 6일자 법률 제2조에 의하여 라인 주에서는 정치범죄와 언론출판 '범죄'(Verbrechen)에 대한 배심권이 회복되어 정치범죄와 언론출판 '범죄'에 확대되었다. 매우 겸손하게 접합된 이 명령은, 정치범죄와 언론출판 '범죄'(Vergehen)의 개념을(- 그러므로 이제는 Verbrechen이 더 이상 특별히 언급되지 않는다 -) 분명히 밝히고 (- 그러므로 이 명령은 정치'범죄'(Vergehen)의 개념을 분명히 밝히고 있다. 이 명령은 정치범죄의 개념을 라인주 형법으로부터 채용하지 않고 그 개념을 새롭게 그리고 그것도 사람들이 보았듯이 Verbrechen과 Vergehen을 명시적으로 동일시하고 있는 제2조의 정의를 통하여 분명히 밝히고 있다 -) 이 Vergehen과 관련된 절차에 Verbrechen의 소추와 조사를 위하여 규정된 엄격한 형식을 배심재판소가 요구하지 않는 한 더 이상 적용하지 않도록 규율함으로써, 이 규정을 자세하게 집행하는 것을 포함하고 있다." 내각은 이곳에서 매우 긍정적인 그리고 분명한 말로써 다음과 같은 것을 동 법률의 의도라고 선언하고 있다. 동 법률의 목적은 정치문제에 관한 절차에, Verbrechen의 소추와 조사를 위하여 규정된 엄격한 형식들을 배심재판소에 의하여 필수적으로 요구되지 않는 한, 더 이상 적용하지 않도록 하는 것이다.

동 법률의 규정 자체가 명시하듯이 미결구류는 배심재판소의 필수적 요구사항이 아니다. 동년 4월 15일자 법률 제12조는 일시적 석방을 또한 제2조가 프랑스형법 제75조 - 제108조의 행위들을 Vergehen으로 정의하고 있는 모든 정치'범죄'(Vergehen)에 허용함으로써 실제로 모든 정치'범죄'(Verbrechen)에 대하여 일시적 석방을 허용할 뿐만 아니라 또한 전적으로 명시적으로 일시적 석방을 허용할 것을 의도하였다.

내각 자신의 표현이 그러한 한 이러한 사실은 분명히 입증될 수 있다. "범죄(Verbrechen)의 소추와 조사를 위하여 규정된 엄격한 형식은 그것이 배심재판소의 필수적 요구사항이 아닌 한 더 이상 적용되지 않는다. 제12조의 보석금납부를 조건으로 하는 일시적 석방이 이미 이전에도 허용되었던 délits에만 확대되어야 한다면 어떻게 내각이 엄격한 형식의 폐지를 언급할 수 있단 말인가!

그러므로 아마 전혀 의심의 여지없이 다음과 같은 것이 입증될 수 있을 것이다. 4월 15일자 법률 제12조는 교도행정재판 규정들을 유추하여 교도행정업무에만 허용되는 일시적 석방을 정치문제에서 또한 Verbrechen의 경우에도 '특전'(beneficium)을 허용했고 허용하고자 했다."

〈주해2〉

자유법운동이 커다란 영향을 가지게 된 역사적 조건에 대한 훌륭한 총괄은 브리 Brie(Vortrag; mitgeteilt im Arch. f. Rechts- und Wirtschaftsphil. III, S. 31)에 있다. - "법학을 위한 투쟁"의 역사는 아직까지 쓰이지 않았다. 이곳에서는 자유법적 규범에 대한 생각이 본래의 전문법률가들의 경우에도(그러므로 슈타인 L. v. Stein과 같은 사회과학자들의 경우만이 아니라) 되풀이하여 분명하게 나타났음을 보이기 위해서 몇몇 발언을 인용할 필요가 있다. 1839년 아이너르트 Einert는 "19세기에 어음거래행위의 필요성에 따른 어음법"을 썼다. 그러나 그는 그와 동시에 신중하고 겸손한 머리말에서 자신의 방법에 대한 변명을 하고 있다. 이 책에 대하여 픽 Fick은 Heidelberger kritische Zeitschrift I, S. 479에서 다음과 같이 논평하였다. 이 책은 "어음에 관한 이론에서 개별적인 법학자의 단순한 저술을 넘어 하나의 혁명을 수행하였고", "법학적 활동의 이제까지의 접근 방법을 거의 역전시켰으며", 그래서 "민족의 법창조행위의 기초가 된, 법생활의 다른 영역에서는 나타날 수 없는 어음법이론을 획득하였다." 쿤체 J. E. Kuntze(Der Wendepunkt der Rechtswissenschaft, Leipzig 1856)는 이러한 견해에 찬성하여, 그의 "jus respondendi in unserer Zeit", Leipzig 1858, S. 20에서 "사람들은 법원의 소심함이 그 교정책을 직접" 법률로부터 끌어 낼 수 있는지 여부를 우연에 맡겨서는 안 된다고 생각하고 있다. 법을 "목적론적"으로 다룬다는 말은 그에게 전적으로 주지의 사실이었다. 아렌스 Ahrens에 반대하여 예컨대 (Juristische Enzyklopädie I) 그는 아렌스의 "생활관계의 이론"은 법적 목적론을 목표로 하고 있고 전적으로 새로운 것은 아니라고 말하고 있다(Wendepunkt S. 26, Anm. 2). 아이너르트와 동시에 Kierulff, Theorie des Gem. Zivilrechts I, 1839, S. XXII/III는 독자적인 창조를 위한 시간이 무르익었다고 말하였다. 쿤체와 함께 W. Leist, Über die dogmatische Analyse römischer Rechtsinstitute, Jena 1854, S. 39는 다음과 같이 썼다. "신선하고 생동하는 충만감으로 우리를 둘러싸고 있는 생활, 우리 현재의 생활, 우리 민족의 생활을 우리는 인식하고자 한다." 비록 그 스스로는 ("Naturalis ratio und Natur der Sache", Jena 1860, S. 51f.에서) 방게로브 Vangerow에게 방게로브가 사물의 본성이란 표현을 7개의 상이한 의미로 사용하고 있다는 것을 증명하였음에도 불구하고, 그는 "사물의 본성"을 강조하였고 (후일 예컨대 에를리히 Ehrlich가 Burians Jur. Bl. 1888, S. 529ff.에서 그랬듯이) 이 표현 속에 "현행"법과는 대조를 이루는 경험적인, 실제의 법생활이 들어 있다고 믿었다. - 모든 이러한 인용은 추상적 법규범과 현실적 법생활이라는 대립의 인식이 항상 매우 유효했다는 것을 증명하다. 그럼에도 불구하고 예링의 저술 자체는 현대의 자유법운동에서 나타나는 작용을 불러일으킬 수 없었다.

〈주해3〉

특정 학문개념으로부터 법학을 "학문"으로 만들기 위하여 법학에 특정의 방법(예컨대 정확한 자연과학의 방법)을 강요하려는 노력, 모든 가능한 다른 학문들과 비교하고 법학도 그들과 상응하는 발전을 해야 한다고 결론을 내리는 것, 이러한 모든 것은 보통이 넘는 범위를 수용하여 종종 지나치게 성급한 일반화와 요구를 초래하였다. 그럼에도 불구하고 다음과 같은 것을 구별하여야 한다.

1. 사람들은 이미 오래 전부터 법학을 다른 학문들과 비교하여 왔다. 가장 잘 알려진 것으로는 예링의 자연과학과의 비교(Geist des Röm. R. (5) IIS. 357f.), 특히 화학과의 비교(또한 Leist, Dogm. Analyse, Jena 1854, S. 100도 이 비교를 들고 있다)가 있다. 예링에게 있어서 법개념의 현실성과 "생산성"에 대한 그의 생각과 관련되어 있는 비교들은 그로부터 방법을 위한 결론이 추론되는 경우에는 위험한 것으로 된다. 이미 Pachmann, Über die gegenwärtige Bewegung in der Rechtswissenschaft, Berlin 1882, S. 32f.이 반대한 바 있는 Neukamp, Einl. in eine Entwicklungsgeschichte des Rechts, Berlin 1895, S. VIIIf.가 그랬던 것처럼 특히 귀납적 과정과 연역적 과정을 대립시키고 전자로부터 법학의 구원을 기대한다면 위험한 것으로 된다. 그렇게 함으로써 당연히 귀납적인 추론을 포함하는 소송에서의 사실수용의 중요성이 강조되어야 하는 한(Reichel bei Grünhut 1905, S. 104/5 참조), 그에 반대할 이유는 하나도 없다. 그러나 그렇게 함으로써 법학이 자연과학의 한 분과가 되어야 하고 귀납적 방법으로 실증하여야 할 가설에 관한 사실을 관찰함으로

써 "법률"이 발견되게 되어야 하는 순간부터 사람들은 법학과는 관계를 끊고 사회학이나 심리학 또는 국민경제학 등을 공부하게 된다. "정확한 자연과학"의 이상과 자연과학에서 지배적인 귀납적 추론과 같은 다른 방법을 정당한 절차로 인식하는 무능으로부터 법학이 순수한 "사실과학"이 되어야 한다는 요청이 나온다. 그래서 포렐 Forel(Zukunft XI, S. 11)은 법률가에게는 "생활과의 모든 관계가 결여되어 있고, 학문적 유추추론을 위한, 서서히 계속해서 의심하는, 항상 개선되는 자연과학적 귀납을 위한 모든 이해가 부족하다"고 말하고 있다. 그리고 보치 Bozi(Annalen für Naturphil. I, S. 426)는 심지어 다음과 같이 생각하고 있다. "동물학이 포유동물, 조류, 양서류 등을 구별하듯이, 법은 민법, 형법 그리고 국제법의 대그룹으로 나뉜다." 그래서 푹스 Fuchs(Die Gemeinschädlichkeit der Konstruktiven[1])는 추상적 연역의 단계에서 귀납적 방법으로 의학이 발전된 것으로부터 법학의 유사한 발전을 추론하고 있다. 그와 동시에 주목할 만한 것은 법관의 인격이 가지는 결정적 의미에 대한 푹스의 상론이 얼마나 daimonion(D. J. Z. 1910, S. 284, 역주: 소크라테스 Sokrates에 있어 (신神이) 경고하는 내부의 목소리)을 자연과학적 이상과 의학과 법학의 대비와 대립시키는가 하는 것이다. 왜냐하면 수술을 운 좋게 마치는 것이 의사의 daimonion에 대하여 가지는 관계와 올바른 결정이 법관의 daimonion에 대하여 가지는 관계는 아마도 같을 수 없을 것이기 때문이다. 그러한 비교로써 자유법운동은 용이하게 극복될 수 있다. 루도르프 Rudorff는 예컨대 학문으로서 법학의 무가치성에 관한 키

---

[1] 누가 이곳에서 니체 Nietzsche의 반대명제 구성적 - 파괴적을 생각하지 않겠는가?

르히만 v. Kirchmann의 강연에 대한 그의 항변("Kritik der Schrift des Staatsanwalts v. Kirchmann u. s. w. von einem Lehrer dieser Wissenschaft, Berlin 1848")에서 다음과 같이 말하였다. "또한 의학 분야에 대하여 법학의 영업의 자유가 주어진 것에 대한 축복을 확산시키기 위하여 가까운 장래에 머지않아 제2의 키르히만씨가 의사들에게 의술을 폐기하고 보건국(保健局)에 숙련공과 지혜로운 부인들을 보임(補任)할 것을 권고할 것이다." 슈탈 Stahl(Rechtswissenschaft oder Volksbewußtsein, 1848, S. 24)도 비슷한 이야기를 하였다. 사람들은 그러한 예를 끝도 없이 늘어놓을 수 있을 것이다. 치텔만 Zitelmann의 저서 "Irrtum und Rechtsgeschäft"에 대한 슐로쓰만 Schloßmann (Grünhut VII, S. 544/5; ähnlich Irrtum, Jena 1903, S. 2/3)의 언급은 법학용어가 심리학용어로부터 독립되어 있다는 것을 명백히 하고 있다는 점에 대하여 특별한 방법론적 의미를 가진다. 또는 Stampe, Unsere Rechts- und Begriffsbildung, Greifswald 1907, S. 42의 다음과 같은 문장도 참조하라. 전통적으로 법률행위를 일방적 법률행위와 쌍방적 법률행위로 분류하는 것은 목적과 기능에 따른 분류와는 전혀 관계가 없다. "전통적 분류는 분류의 관점으로 – 학생에게 우선 제시하는 주된 분류를 교훈적인 것으로 간주하여, 전적으로 쓸모없이 - 사실구조의 특징을 취하여 마치 예컨대 국민경제학자가 재화에 대해서 하듯, 약리학자가 의약품에 대해서 하듯 주된 분류를 생산방법 내지는 제조방법에 따라서만 하는 방법으로 처리한다." 또 S. 79/80의 다음과 같은 문장도 참조하라. "사람들은 특정의 질병을 치료할 수 있는 약품을 무비판적으로 새롭게 발생한 전혀 새로운 종류의 질병의 경우에 처방하는 의사를 어떻게 판단할까? 나는 구체적으로 새로운 목적을 달성하기 위하여 이렇게 변함없이 사용하는 것이 법정책적으로 과오를 범하게 되는 것을 인식하면서도 하나의 법제도를 법률이 그 법제도에 부여한 것과는 다른 목적에 사용하는 것보다 더 극단적인 법률침해는 없다고 생각한다."

2. 플라비우스 Gnaeus Flavius(H. U. Kantorowicz) "Der Kampf um die Rechtswissenschaft", S. 35/8가 수행한 자유법운동과 자유신앙운동 사이의 비교는 특별한 영향을 미쳤다. 그러한 비교는 방법론적으로 준수될 것을 요구한다. 왜냐하면 의학과 자연과학과의 비교는 항상 개별적인 주장들만을 설명할 수 있음에 반하여 전통적인 법학적 해석학과 신학적 해석이론 사이에는 또한 역사적으로 증명할 수 있는 방법상의 관련이 존재하기 때문이다. 그러나 자연과학이 현대적 방법으로 이행하는 시기에는 최근 몇 년의 토론에서 아직껏 사용되지 않은 것이 이상한 많은 문화사적 유사현상들이 발생하였다는 것을 시인하여야 한다. 그래서 주로 특정의 견해를 위해서, 즉 성격학적으로 예컨대 파라셀수스 Paracelsus (Weke I, herausgegeben von Johannes Huser, Straßburg 1616, S. 608)의 다음의 문장들이 고려되었다. "너희들은 모든 의사에게 지겹고 자연의 광명을 가로막는 논리학과 너희들의 토론술에서 무엇을 찾는가? 그런 책들 때문에 너희들의 고결한 시간을 헛되이 쓰지 말라." - 그러나 신학적 해석과 관련이 있는 한 법률가는 옛날부터 신학의 방법을 법학의 방법과 비교하는 데 능숙하였다. 그래서 예컨대 Jordan, Archv. f. d. ziv. Praxis 1825, S. 131은 새롭게 다음과 같이 이야기하고 있다. "그리스도교를 그 창시자의 정신에 따라 생활관계를 위하여 더 상세하게 발전시키고 창시자의 정신 속에서 계

속해서 작용하게 하는 신학자의 활동처럼 법관의 활동은 항상 적용일 뿐이나, 그것은 문자의 적용이 아니라 아마도 법률의 정신을 실제의 사례에 적용하는 것이다." 그러므로 이곳에서는 일련의 기초적인 생각들이 공통되므로 비교는 흥미로운 설명 이상의 의미를 가진다. 이에 대하여 주목할 만한 것은 크라우스 Kraus (Grünhut 1905, XXXII, S. 616/7)와 슐로쓰만 Schloßmann (Irrtuum, Jena 1903, S. 43, Anm.)의 다음과 같은 설명이다. "법률단어의 문자적 의미를 대상으로 하지 않는 법학과 자유로운 연구의 권리를 부정하는 신학 간의 흥미로운 비교는 마치 법적 영역에서 법률의 권위와 자유로운 법발견 사이의 갈등이 어떻게 해결되는가를 관찰하는 것과 같다 …." 또한 Th. Sternberg, Allg. Rechtsl. (1), S. 130, Anm. 1도 참조.

〈주해4〉

입법"자료"에 대하여 자신의 입장을 밝히는 경우 제국재판소는 통상적으로 다음과 같은 것을 강조하고 있다. 동 자료는 결정적인 의미를 가지는 것은 아니고 단지 "보충적으로 고려"되어도 좋을 뿐이며 (Entsch. in Zivilsachen, Bd. 8, S. 84), "주의를 환기"시켜도 무방할 뿐이다(Bd. 16, S. 194. 같은 권 S. 55에서는 "법률의 목적은 그 동기에서 추측된다; Bd. 21, S. 357; Bd. 62, S. 291; 특히 Entscheidung in Strafsachen, Bd. 13, S. 171: "동기, 목적, 초안기초자의 견해, 법률의 내용과 (파급)효과에 관한 입법자의 생각 중 그 어느 것도 법률의 내용을 결정하지 않는다. 법률의 내용을 결정하는 것은 법률 자체에 선언된 입법자의 의사일 뿐이다"). "자료"는 법률에서 실제로 의욕된 것을 강조하는 경우에는 의미를 가지나, 다음과 같은 경우에는, 즉 자료가 다른 견해(Bd. 21, S. 437; Bd. 23, S. 동기들은)가 불필요한 경우에는 의미를 가지지 않는다. 자료는 법적 의미를 가지거나 가지지 않거나 중 하나이며, 전자의 경우에는 엄밀하게 규정하는 것이 필수적이다. 해석의 이론에 관한 제국재판소의 입장을 확정하고자 하는 자는 해석에 관한 제국재판소의 진술 자체를 다시 해석하지 않으면 안 된다고 생각할 수밖에 없고, 다시 해석하는 것은 가끔 곤란하다. 이러한 개관은 이러한 근본문제에서 아직도 의식적인 명료성이 얼마나 결여되어 있는가를 증명할 뿐이다. 요컨대 어떻게 해서든지 동기가 가지는 결정적인 의미가 부인된다 하더라도, 오래된 결정들(예컨대 Ziv. Bd. 7, S. 430f.)을 도외시한다면, 다음과 같은 문장이 발견된다. "왜냐하면 사고보험법에 대한 자료들이 모든 페이지에서 인식되듯이 입법자(몇 줄 앞에서는 입법의 구성요소들이 언급되고 있다)는 아마도 의식하고 있었다." 등(Bd. 21, S. 54). "입법의 기초"를 파악하기 위해서는(Bd. 53, S. 203) 동기가 참조된다. 또는 "입법자의 다른 의사가 명확하게 밝혀지지 않는 한" 어떤 특정의 해석이 "문언에 의해서도 법률의 성립사에 의해서도 명령되는 것은 아니다."(Bd. 59, S. 148) "우편법의 공포에 있어 입법을 구성하는 요소들에 대하여 상법 제405조가 완전히 현존하고 있다는 것이 의심되지 않으면, 그 문언에 따라 전적으로 명확한 규정(우편법 제35조)은 그렇게 이해될 수밖에 없다."(Bd. 43, S. 100) 동기들은 "입법을 구성하는 요소들에서 유래하지 않는 사적인 업무로서 법률을 선언할 법령도 힘도 없기 때문에" 결정적인 것으로 간주되지 않는다. 그리고 나서는 다시 다음과 같은 이야기가 나온다. "그러므로 분명히 법률의 현재의 본문에는 법률 텍스트의 작성자가 의미한 바가 들어 있지 않다 …."(또한 "입법자의" '동기'(Beweggrund), 입법자의 '이유'(Veranlassung), 입법자의 결심 및 입법자의 목표를 구별하고 마지막으로 입법의 의도를 언급하고 있는 Bd. 62, S. 86). Bd. 69, S. 181에서는 다음과 같이 이야기하고 있다. 이유(즉 동기)가 실무를 통한 전술(戰術)결정의 문제를 알지 못했다는 것은 거의 생각할 수 없으며, 이로부터 법률이 그러한 사실을 명시적으로 부정하지 않으면 법률이 이러한 실무에 동참하고자 했다는 결론이 도출된다. 그렇다면 의사록의 이러한 설명에서 "위원회의 다수는 의식할 수 없었다."는 것이 강조되는 경우 그것은 무엇을 뜻하는가?(Bd. 66, S. 254). - 제국재판소는 그 진정한 의도를 다음과 같이 진술하였다. "재국재판소는 입법의 이러한 상황에서 최고재판소의 거의 30년 된 실무를 고수하는 것을 공지한 것으로 간주한다. 왜냐하면 바로 그 실무가 법률의 이해관계와 시민적 거래의 요청이라는 두 가지 이해관계를 적당하게 매개하고 있기 때문이다. 법률의 흠결을 부각시키는 것은 또한 실무의 과제에 속하기도 하나, 그럼에도 불구하고 흠결이 있는 법률을 가능하면 시민적 거래가 법률에 대하여 제기하는 요청에 적합하도록 적용하는 것이 실무의 주된 과제인 것은 분명하다."

일차적으로 실무를 위해 존재하는 특정의 문헌으로부터 전적으로 자의적으로 다음과 같은 예를 뽑아 낼 수 있을 것이다. Fischer, Kommentar zur Grundbuchordnung (Guttentag, 5. Aufl.), Anm. 6 zu § 14: 그는 법률의 작성에 "참여한 모든 이의 명확한 의도"를 원용한다. 또는 Frank, zu § 246 St.G.B. Nr. II, 4. "그러나 법률이 긍정적으로 그리고 그것도 - 동기가 밝히듯이 - 전적으로 의식적으로 표현했기 때문에 해석은 그것에 구속되어 있다." 더 이상의 예를 찾기 위해서 사람들은 단지 어떤 하나의 주석서를 펴기만 하면 된다.

일반적으로 유효한 해석요소로서는 다음과 같은 것을 들 수 있다:

어의, 경제적 또는 정치적 목적, 자료의 표현들, 법률의 역사적 성립, 보충적으로는 법감정과 거래의 필요. 이러한 이질적인 (개개의 요소는 자체로서 다시금 매우 다양한 방법으로 조합되어 있는) 요소들에 대한 방법적 명확성이 필요하다는 것은 더 이상의 말을 필요로 하지 않는다.

옮긴이 소개 _ 홍성방

1952년 제주 출생
고려대학교 법과대학 및 동 대학원 석사박사과정 수료
독일 Köln대학교에서 법학박사학위(Dr. iur.) 취득(1986)
한림대학교 교수(1988-1997)
독일 쾰른 대학교 법과대학 '국가철학 및 법정책연구소' 객원교수(1994-1995)
제7회 한국헌법학회 학술상 수상(2005)
사법시험 및 각종 국가시험위원, 한국공법학회 부회장, 한국헌법학회 부회장, 한독법률학회 부회장, 안암법학회 부회장, 한국가톨릭사회과학연구회 회장, 환국환경법학회 부회장 역임
현재 서강대학교 법학전문대학원 교수

저서·역서·논문

1. Soziale Rechte auf der Verfassungsebene und auf der gesetzlichen Ebene, Diss. Köln(1986)
2. 해방과 정치계몽주의, 도서출판 새남, 1988(M. Kriele, Befreiung und politische Aufklärung, 1980)
3. 민주주의 세계혁명, 도서출판 새남, 1990(M. Kriele, Die demokratische Weltrevolution, 1987)
4. 법과 실천이성, 한림대학교출판부, 1992(M. Kriele, Recht und praktische Vernunft, 1979)
5. 법발견론, 한림대학교출판부, 1994(M. Kriele, Theorie der Rechtsgewinnung, 2. Aufl. 1976)
6. 마르크스주의와 수정사회주의, 도서출판 새남, 1996(B. Gustaffson, Marxismus und Revisionismus, 1972)
7. 국가론, 민음사, 1997(H. Heller, Staatslehre, 6. Aufl. 1983)

8. 헌법Ⅰ, 현암사, 1999
9. 헌법정해, 신영사, 1999
10. 헌법요론, 신영사, 1999(2005 : 제4판)
11. 환경보호의 법적문제, 서강대학교 출판부, 1999
12. 헌법Ⅱ, 현암사, 2000
13. 객관식헌법, 신영사, 2000(2005 : 제4판)
14. 헌법재판소결정례요지(편), 법문사, 2002
15. 헌법학, 현암사, 2002(2009: 개정 6판)
16. 헌법과 미래(공저), 인간사랑, 2007
17. 법학입문, 신론사, 2007
18. 헌법국가의 도전, 두성사, 2007(M. Kriele, Die Herausforderungen des Verfassungsstaates, 1970)
19. 7급객관식헌법, 두성사, 2008
20. 헌법학(상), 박영사, 2010(2013: 제2판)
21. 헌법학(중), 박영사, 2010
22. 헌법학(하), 박영사, 2010(2011: 제2판)
23. 프롤레타리아 계급독재, 신론사, 2011(Karl Kautsky, Die Diktatur des Proletariats, 1918)
24. 국가의 법적 기본질서로서의 헌법, 유로, 2011(Werner Kägi, Die Verfassung als rechtliche Grundordnung des Staates, 2. Aufl. 1971)
25. 국가형태, 유로, 2011(Max Imboden, Die Staatsformen, 1959)
26. 소외론, 유로, 2011(Friedrich Müller, Entfremdung, 2. Aufl. 1985)
27. 법과 실천이성, 유로, 2013(M. Kriele, Recht und praktische Vernunft, 1979)
28. 법발견의 이론, 유로, 2013(M. Kriele, Theorie der Rechtsgewinnung, 2. Aufl. 1976)
29. '사회국가 해석모델에 관한 비판적 검토', '자연의 권리주체성', '독일의 헌법과 행정법에 있어서의 환경보호' 등 논문 다수